JN045282

新編 生命の實相 第44巻

久遠仏性篇・真理体験篇

常楽宗教の提唱 下
近眼・色盲等は治るか

谷口雅春
Masaharu Taniguchi

光明思想社

編者はしがき

「『人間』を根本的に革命するために書かれたのが本書である。それは『物質人間』から『霊的人間』への革命である」

本書「はしがき」の冒頭の谷口雅春先生の言葉である。さらに次のようにも述べておられる。

「『人間』を単に物質的『肉体』として把握する場合には、肉体の疾患（しっかん）は、物質的方法のみに頼って癒（いや）さなければならないのであるけれども、人間を『霊』として把握する場合、『肉体』は霊の表現体であるから、霊的自覚の深まるにしたがって、物質的方法を用いずして、肉体的疾患の癒ゆる実例を生ずるのである。本書の後半に収めたる〝真理体験篇〟はその実証である。物質的医療ではおおむね不治とみとめられている近眼および色盲が、単にみずから『生命の實相』を読み、あるいは生命の実相の講話を聴くことにより、実相哲学による霊的自覚の進行とともに、不思議に治った多くの体験は体験者みずからが語るのであるから興味深きものである」

これは本篇だけにとどまらず、本全集『生命の實相』全篇に渡って当て嵌まる言葉であるが、人間は肉体がすべてであり、この世界は物質のみによって出来上がっているとする素朴な唯物論、さらに、人間とは「心と肉体」の両面によって成り立っており、心の外側に物質的環境があるとする二元論、この二つの考え方に多くの人は立っている。

しかし、人間を物質的存在であると考え、物質によって外部世界が出来上がっていると考える限り、我々は自分の肉体の変化に一喜一憂し、外部の物質的世界と「自分の心」との葛藤に縛られ、身動きがとれなくなる。心と物質との戦いは、肉体に現れては病気との戦いとなり、外に現れた環境との戦いとなり、運命との戦いともなり、その他あらゆる人生上に生起する問題との戦いとなって、我々は自分自身の心と自分の周りの環境との壮絶な戦いに終始せねばならなくなるだろう。

しかし、谷口雅春先生は、この超過酷な難問を軽々と乗り越え、一気に「常楽の世界」へと導かれる。この我々の現実世界は物質によって造られ物質に支配されている世界ではなく、また心と物質とが戦っている二元的世界でもなく、完全に物質を心の支配下に置く一元の世界を提示された。その結果、この教えに触れた数多くの人々が、病気を癒やし、境遇を改善し、家庭が調和し、人間のこの地上での生活が光明化されていったのである。

前巻に続き本書に収録されている「第八章　吾等（われら）の祈願及び修養」は、生活と人生を光明化させるための具体的方法が事細かく、詳細に述べられている。そして、それに引き続いて、その実践篇とも言うべき「真理体験篇」が収録されている。

本全集『生命の實相』には各巻に治病、教育、繁栄等の様々な治癒体験が縦横無尽に紹介されているが、この「真理体験篇」は、近視・遠視・乱視だけに的が絞られており、極めて特異な篇となっている。

近視・遠視・乱視は、特に病気とも認められず、めがねを掛ければ事が済むと簡単に考えられ勝ちであるが、やはり「人間本来の姿」ではない。特に、青少年や老齢者に多い近視・遠視もその人の「心の現れ」であることを谷口雅春先生は次のように述べておられる。

「私は眼の治った人であり、また治した人であるわけであります。この、五官に於ける障害――目が見えないとか、耳が聞えないとか、臭が嗅げないとか、或いは皮膚の感覚の麻痺、食物の味覚の麻痺とかいう、すべての感覚器官の障害は、要するに自分に与えられたる恵みを有難く受取らない人が、肉体に投じ出した姿であるのでありますから、先ず有難く受取る気持が起りさえすれば、そうした障害は自然と消え去ってしまうのであります。この目というものは、すべての美しいものを見る器官であります。美しいというのは何か、といいますと、そこに生命が顕われている事であります。生命が顕われているというのは神の光、神の恵み、神の愛が顕われているということであります。その神の光、神の恵み、神の愛を有難く受取らないで、半分位受取って、不平ばかりいっているような心を持っていると、それが目に現われれば目が見えなくなったり、色盲になったりするのであります。また目の先の現象だけを見て、現象の奥底を流れる神の愛、神の恵みが分らないと、その人は近視眼になるという具合になるわけなので、こういう私も以前には近眼であったのでありました」（六〇～六一頁）

「老人の遠視というのは、日暮れて道遠しという感じで、先のものを先のものをと焦る心の現れであります。年を取ると、老後のことばかりを考えて、取越苦労をして『今』を完全に生き切らないことが多いのであります。『今』を完全に把握して生きる事が出来たら、それはすぐに治ってしまうのであります」（一一七頁）

「斜視、乱視というのがあります。これはものを見るのにまともに正しく見ないで、斜めの方からひねくれて見る心の現われであり、乱視もやはりまん丸いものを丸く見ないで楕円形に見るというような心の現われたのでありますから、よく人を見て、その点を指摘して差上げて、まるいものは円いと、正しく、真正面から見得る心に調節して行かれれば、すぐに治ってしまうのであります」（一一八〜一一九頁）

眼もやはり「心の現れ」であり、現在の眼の状態は心の反映であることが述べられている。青少年の近視、老人の遠視、その他乱視や色盲など眼に関する諸症状も必ず治るのである。是非本書を読まれることを強くお勧めする次第である。

令和二年十一月吉日

谷口雅春著作編纂委員会

はしがき

「人間」を根本的に革命するために書かれたのが本書である。それは「物質人間」から「霊的人間」への革命である。

本当に自分を愛するということは、単に自分自身の味覚や触覚や視聴覚のごとき肉体的感覚をくすぐることで快感を得ることではないのである。「人間」を単に感覚的刺激によって引きつけられたり反発したりするところの単なる「肉塊」として自覚することによって現代人の多くは滔々乎として自己を低卑の生活に堕落せしめつつあるのである。わたしが憂えるのは、現

はしがき　頭注版第二十八巻の「はしがき」

滔々乎　よどみなく流れるように勢いのあるさま

低卑　品性が低くいやしいこと

代の日本では、おおむね「人間」を単に「肉塊」として把握して基本人権を主張するから民主主義の最も悪い面が出ているということである。現代の青少年の最も良い面は、自分で判断して行動する思想の自由を回復したことである。しかし、彼らの「思想の自由」というものも学校で唯物論の教育を施されるものであるから、あらかじめ彼ら自身の考え方に色づけせられるので、本当の「思想の自由」を得ることができない。それは唯物論というレールの上に載せられた汽車のようなものである。汽車は方向づけられた方に走るだけで本当の自由はない。人間が本当の自由を回復するには自己を「霊」として把握しなければならないのである。自己を「物質」(肉塊)として把握している限り、物質は〝不可不の法則〟によって機械的に動くべく法則づけられているから〝完全な自由人〟ということができない。人間はまず自己を「霊」として把握し、〝物質の縛る力〟に自由に抵抗し得る力を回復しなければならないのである。現代の青少年のよいところは過去の〝立

唯物論　世界を構成する根源はすべて物質であるとする立場

不可不の法則　必ずそうなるという法則。必然

立身出世主義　社会的に高い位置について名声を得ることを第一とする考え方

身出世主義〟から脱して、自分の個性の自由を行動化することに悦びを見出そうとする傾向である。しかし、自由は時として脱線を伴い、脱線は時として堕落を意味するのである。われわれは民主主義の与えたる自由を、脱線や堕落の自由へと破壊的に行使してはならないのである。本当に自分を愛する者は、自分自身を最も価値あるものにするよう努力しなければならない。そのためにはまず「自覚」において自己を高め、その高められたる「自覚」によって生活し行動しなければならないのである。人間革命は、まず自覚の革命から出発しなければならないのである。

「人間」を単に物質的「肉体」として把握する場合には、肉体の疾患は、物質的方法のみに頼って癒さなければならないのであるけれども、人間を「霊」として把握する場合、「肉体」は霊の表現体であるから、霊的自覚の深まるにしたがって、物質的方法を用いずして、肉体的疾患の癒ゆる実例を生ずるのである。本書の後半に収めたる〝真理体験篇〟はその実証であ

行使　実際に用いること

る。物質的医療ではおおむね不治とみとめられている近眼および色盲が、単にみずから『生命の實相』を読み、あるいは生命の実相の講話を聴くことにより、実相哲学による霊的自覚の進行とともに、不思議に治った多くの体験は体験者みずからが語るのであるから興味深きものである。肉体が〝霊の表現体〟であるという自覚ほど自分を高め、自己の〝価値自覚〟を高めるものはないのである。本書には青少年の教育問題を取り扱った項目もあり、児童を愛する人たちは自分みずから本書を読まれると共に、児童みずからにも本書を読ませて、人間としての自覚を高められんことを希望するものである。

昭和四十年三月十日

著者しるす

不治　病気が治らないこと

『生命の實相』　著者の主著。昭和七年一月黒革表紙版が発行されてより各種各版が発行され、現在までに二千万部近くが発行されている

久遠仏性篇　常楽宗教の提唱（下）

真理体験篇　近眼・色盲等は治るか

目次

編者はしがき

はしがき

久遠仏性篇　常楽宗教の提唱（下）

真理体験篇　近眼・色盲等は治るか

凡例

一、本全集は、昭和四十五年〜昭和四十八年にわたって刊行された愛蔵版『生命の實相』全二十巻を底本とした。本書第四十四巻は、愛蔵版第十四巻「久遠佛性篇」及び「眞理體驗篇」を底本とした。

一、本文中、底本である愛蔵版とその他の各種各版の間で異同がある箇所は、頭注版、初版革表紙版、黒布表紙版等を参照しながら確定稿を定めた。

一、底本は正漢字・歴史的仮名遣いであるが、本全集は、一部例外を除き、常用漢字・現代仮名遣いに改めた。

一、現在、代名詞、接続詞、助詞等で使用する場合、ほとんど用いられない漢字は平仮名に改めた。

一、本文中、誤植の疑いがある箇所は、頭注版、初版革表紙版、黒布表紙版等各種各版を参照しながら適宜改めた。

一、本文中、語句の意味や内容に関して註釈が必要と思われる箇所は、頭注版を参照しつつ脚註として註を加えた。但し、底本の本文中に括弧で註がある場合は、例外を除き、その箇所のままとした。

一、聖書、仏典等の引用に関しては、明らかに原典と異なる箇所以外は底本のままとした。

一、頭注版『生命の實相』全四十巻が広く流布している現状に鑑み、本書の章見出し、小見出しの下の脚註部分に頭注版の同箇所の巻数・頁数を表示し、読者の便宜を図った。

一、本文と引用文との行間は、読み易さを考慮して通常よりも広くした。

一、本文中に出てくる書籍名、雑誌名はすべて二重カギに統一した。

久遠仏性篇　常楽宗教の提唱（下）

第八章　吾等の祈願及び修養（承前）

頭注版㉘七八頁

十四　ものの内在生命の尊さに眼覚めよ

頭注版㉘七八頁

十四、吾らは実在の実相のみを見、移り変る仮の相にとらわれず、常に光風霽月の如き生活を営みて情を動ぜざらんことを期す。

光風霽月　雨上がりの晴れた空の月のように心が澄みきってわだかまりがなく、さわやかなこと
期す　心に誓う。約束する

この箇条は生長の家の教育法に関連して申上げたいと思います。教育の根本は内在生命より万能力(神の子)を引出すことであります。神によりて造られた神の表現である実相を引出すことであります。――神によって、造られたといいますと、「神」と「造られたもの」とが相分離したように感じられますけれども、そうではない、神の表現がここにあるということです。そのことを神によって造られたと、仮りに吾々は擬人的にいうのであります。生きとし生けるもの、有りとし有らゆるもの、悉く単なる物質ではないのでありまして、総てのものは、実相を観る時には、神の生命が宿っている。況んや人間にはいう迄もなく本来仏性が宿っている、その仏性が私の謂う「神の生命」である。その「神の生命」を引出すことが教育であります。こう思って見ますと、総てのものの実相に、生命に合掌する――合掌してそのものに宿る生命を、生命の本当に善い相を引出すのが教育であります。ここに於て、宗教と教育とは一致するのであります。ありとし

擬人的　人間でないものを人間になぞらえて

況んや　まして

あらゆるもの悉く単なる物質ではない——これを知ること、知らすことが教育である。生長の家でよく「肉体はない」「物質はない」などと申しますと、何もないかのようにお考えになり、何物も無いと思って、「物質なんて粗末にしても好いんだ、物質は無いのだから」というような人があります。これは空思想に捉われた断見であります。何も無いのではないのであって、そこに実相があるのであります。物質は無い。物質は無い代りに実相があるのであります。「物」を見て「物質」だと思うからいけないのです。神の生命だと見るのであります。「物質は無い」といえばどうしてお前は御飯を食べるかというふうな質問をする人があるのであります。吾々は「物質」を食べても決して肥えるということは出来ないのであります。「生命」を食べたときはじめて栄養となる、換言すれば神様の生かす生命、生かす恵、生かす愛というものを食べる、それによって肥えて来るのであります。決して物質そのものが吾々を生かすというわけではないのであります。物質そのものに

空思想　仏教語。すべての事物はみな因縁によってできた仮の姿で、永久不変の実体はないという考え方。「色即是空」で知られる

断見　仏教語。一切の存在は現世限りで断滅してしまうという考え。対義語である「常見」は一切の存在は消滅しないという考え。釈迦はどちらも否定した

換言　言いかえること

吾々を生かす働き、生命の働きがあるとしますれば試験管の中に物質を放り込んでもその中から何か生き物が出て来なければならない。ところが、試験管の中にいくら滋養物を放り込んでみてもちょっとも生きて来ないというのは、これは物質を単なる物質として取扱っておって、生き物として、生命として取扱っていないからであります。吾々が食物を食べるという場合に、試験管の中に滋養物をほうり込むのと異う働きが起るのは、それを単なる物質として取扱わない。生きる生命素として食べるからです。食べられる方も神様の生命であり、食べる方も神様の生命である。食べるこちらが「生命」でありますから、食物に宿っている「生命」を引出して同化するのであります。そんなわけで、外見物質と見える肉体を目して単なる物質であると考えるのは間違である。肉体はこれ生命の影である、言い換えると生命がそこに生きている相が現れているのが肉体である。物質そのものは本来無いのであって、そこに「生命の生きている相」があるということになるのであり

滋養物　体の栄養となる食物

同化　摂取した栄養分を自分の身体を構成する成分に変える作用

目する　みなす。そうであると認める

ます。これが肉体であります。吾々が芸術を見るというのでも、物質的形態の奥に生きている生命、神の生命というものを見て、それをそこに現したものが芸術であるということになる、物質と見えるものの観方にも、それを単に「物質」と見る観方と、生命の表現として見る観方と二つあります。生長の家の教育は物質を物質と観ないで生きた生命の表現として観、そこから生命を引出すという芸術的観方であります。例えば、最近或る展覧会で彫刻を見ましたが、実に簡粗な、ぞんざいな鑿の使い方がしてあると思われるようなものでも、例えば服部さんの「兎」の彫刻でも——二匹の兎がこうくっついている、ちょっと見ると材木の切端みたいなものが二つ寄り合っていて、ほとんど材木そのままにちょっと筋が入ったようなものが並んでいるだけでありますけれども、あれを見ていると何ともいえない愛情の籠った兎の柔かい生きた生命というものが感じられて来るのであります。つまり、あれは芸術家が兎の中に動いている生命というものを把んでそれを再

ぞんざい 投げやりに扱うさま。粗略なさま

服部さん 服部仁郎。明治二十八～昭和四十一年。彫刻家。救世観音、如意輪観音などの名作を生んだ。著者の妻である谷口輝子夫人ほか複数の信徒が霊視した神姿を再現して神像を制作した。評伝に『今を生きる』がある。本全集第八巻「聖霊篇」上巻第一章等参照

現したということになるのであります。こういうふうに物質を物質として見ないで物質の中に生きている生命というものを把み出す、これが芸術であります。こうなると宗教と教育と芸術とは一致して来ます。生命を観て生命を引出し、それを再現する、これが本当の芸術であります。子供の生命を観て子供の生命を引出す、これが子供の教育であります。総てのものは物質を見ていると善さが分らない。ジッと実相を見るとそのよさがわかって来るのであります。芸術家は表現の上に生命の善さを現わし、教育家は生活の上に生命の善さを引出すのであります。総ての人々が実相を見るという立場になった時に、総ての人間が即ち生命である——神の子であるということが感得されるのであります。そういう立場に於て、はじめて総てのものが、なるほど美しいものである、善なるものである、調和したものであると感じられるのであります。こう感じるように生命を引出すのが本当の教育であり本当の宗教であり、本当の芸術であります。生長の家の生き方は全ての事物

感得　真理などを感じて悟ること

に対してその奥底にある善さを見出して、それを生かす生活であります。

十五　「久遠の今」の生命を発掘せよ

十五、吾らは今日一日を出来る限り強く明るく正しく充分生き抜き生き尽して悔いなき生活を送らん事を期す。

頭注版㉘八二頁

久遠　永遠

この「今日一日を出来る限り強く明るく正しく」生きるという――生き、る、という――のは「生命を引出す」ということであります。「今日一日」ということが大切でありまして、明日からやろうというようなことでは駄目なのであります。吾々が今、ここに生命を享けて生きているということは、今生きているのであって、この「今」を看過したら吾々は永久に生命を引出す機会というものを失ってしまうのであります。「今生きる、」――「今、生命を引出す」――この「今」が大切であります。芸術家が芸術品を作る場合に生命を把むのも、この「今」この「瞬間」に生命を摑むのであります。それがつまり芸術制作の極意でありまして、流動せる生命を「今」の瞬間に把めなかったら、その芸術家は本当は駄目になってしまうわけであります。「今を把む」――つまり、芸術というものは宗教と全く同じものでありまして、生命の永遠の流れを「今」の一点に把握してそれを動かない平面又は立体の上に描き表わすのであります。兎なら兎の生命というものは、生れてからずっと生長して今も今後も生きている。その、ずっとこれからも生きるというその生命の流れというものをこれだけならこれだけの木の塊――動かない一点に集めてある。永遠が「今」の一点に凝縮してある。それでこそ、その作品を見てそこに生命の生きている相が見えるのであります。そういうふうにこの今を見るということが芸術の極意でありますが、また吾々の生活も、教育も、この「今」を把むということによって最もよく生長して

極意　物事の核心。奥義

凝縮　ある一点に集中させること

行くということになるのであります。この「今」を把む。自分として「今」を出来るだけ強く明るく正しく生きる。教育者としては、「今」を出来るだけ百パーセント強く明るく生きさせる、これが本当の教育であり、生命を引出す教育であります。強く生きるということは、何も豪傑みたいに暴力を振廻すということではない。「今」この瞬間にその生命の百パーセントを把んで生きるということであります。生命の百パーセントを把み、自分の中に宿っている生命を「今」の瞬間に焦点を燃焼してそこに充分生き抜き生き尽すというふうにする。これが本当に芸術的生活であり、教育的生活であります。吾々は「今」という「今」を看過してしまったならば、もう永遠に生活する時がない。明日になったらしようと思うても明日になった時は既にそれは「今」であって、その「今」を看過したらいつも生活することが出来ないのであります。「今」生きているという感じ、この今が大切である。大抵病気の人達が、その病気が治らないのは、「今」を生きないということ

豪傑　武勇と度胸が秀でた人。大胆なことをする人

によって病気が治らないのであります。病気を治すために手段の生活をしているというふうなことでは生命というものが発現しないのであります。手段の生活というものは「今」の瞬間に永遠を生かす生活ではない、治ったら何事かをしようというふうな気持では本当に生きることが出来ないのであります。

正岡子規が、十何年という長い間肺結核で病床にありながら、あれだけの文学的功績を為し遂げられた。あの人は不幸にして生長の家に入っておらなかった為に、病気は本来無いということをお知りにならなかった為に、人間は神の子だということを知られなかった為に、とうとう治らなかったけれども、結局治らないとあきらめながらも、あの人は「今」を生かす生活をやっておられた。つまり、病床にありながらでも、「今」そのままで生命を百パーセント生かして、あれだけの文学的功績を成し遂げた。この「今」を総て生かすというところに、あれだけの重症結核でありながら、あんな

発現　あらわれ出ること

正岡子規　慶応三～明治三十五年。俳人・歌人。短歌の革新と写生俳句・写生文を提唱した。野球の普及にも貢献した。門下に高浜虚子、伊藤左千夫などがいる。主な著作は『墨汁一滴』『病牀六尺』『歌よみに与ふる書』など

に長く生き通すことが出来たのであります。手段の為に生きているというふうなことでは本当の生命は生きて来ない。教育は「生命を引出す」のでありますから、手段のために教育していたのでは決して生命を生かし、天分を生かす本当の教育が出来て来ないのであります。現在の大抵の小中学校の教育というものは「今」を生かすことをしないで、これから高等学校へ入学する、これから大学へ入学する、その入学するというふうに手段のために勉強している、これでは本当に生命を引出す教育が出来ないのであります。この、準備教育必ずしも悪いというわけではありませぬけれども、それがあまりに手段になってしまって、「今」を生かさないということになると、その人の生命が生きて来ないのであります。

私は学校時代は試験勉強の名人でありまして、試験の前に一日ばかり教科書をずっと読んでおきますと大抵もうみな覚えておる。それまでは少しも勉強しないで、一夜漬をやる、それから試験場へ行くと、前日に一回さえ読んでおけば、出された問題に従ってそれが何頁にあるかということや、活字の排列の具合まで一字一字ズウッと眼の前に並んできて見えるのです。だから間違いなしに書けて、大抵満点であったのですけれども、そのくせもう試験が済んだらすっかり忘れてしまった。それは試験のために勉強したからであります。試験の為に勉強した学科は試験が終って目的を達するとみな忘れてしまうのです。こんな勉強の仕方では試験の点数はいいかも知れませんけれども実力がつかないことになってしまうのであります。

現代は不幸にして、学校の入学志願者ばかり多くて学校の数が尠いために、そんな本当の生命を生かすような教育をやっていると、上級学校へ入学出来ないというので、生命を生かすというよりも無暗に詰込むということをやっていますけれども、これは本当の教育の仕方じゃありませんから、早

尠い　きわめてすくない。まれなさま

早晩　遅かれ早かれ。いずれ

晩改められねばならない問題でしょう。大学卒業生が直ぐ使って間に合わないのも、試験のためや証書のために勉強をしているからで、「今」これが生活であるというような勉強の仕方をしていないからでありましょう。

本当の教育の仕方、生長の家式の教育の仕方といいますと、この今を生かすということなんです。入学する為に覚えるのでないのであって、「今、これが生活である」というような学習の仕方をすることが肝腎です。今自分の中に生命が動いている、生きているところのその生命をこう外へ出す――これが本当の教育なんです。神というものは『創世記』に書いてあるように、一切のものを造り給うた。本来無のところから一切のものをコトバの力によって創造り給うた。言葉の力――言い換えると生命の動き――ヒビキによってこれを形に現されたのであります。つまり、生命の動きヒビキによって生命を可視的世界にまで現さしめるというのがこれが本当の「生命の教育」であり「生長の家の教育」であります。生命は生命を一等よく知ってい

『創世記』『旧約聖書』の冒頭に収められている天地創造の物語。本全集第十九巻「万教帰一篇」上巻第一章参照

るわけであって、他のものは生命を知らないのです。生命のみ生命を発掘する。「今」この瞬間、刻々瞬々、生命を発掘するのが生命を引出す教育であります。

刻々瞬々の生命を生かすことが教育であるということが解りますと、幼児の教育、幼い時の教育というものが、如何に尊いことであるかが解るのであります。大抵、幼いものの導き方ということを誤るために、将来子供が大きく伸びようとしても伸びることが出来ないようになる場合が多いのであります。赤ン坊が最初はまず漠然とした、無意識というか、半意識のような状態で生れて、そうしてそこに生活している。最初は眼も見えないのですけれども、やがて眼が見えるようになり、眼が見えるようになると、そこに「自分」と「他」との存在が少々引き離して認識され始めるのでありま す。そこにお母さんがいる、そこにお父さんがいる、これが乳房である。乳房を含むと甘い、その乳房をくれる人がちょいと指で自分の頬っぺたを突っ

刻々瞬々　瞬間瞬間に時間が過ぎていくさま

衝いてくれる、その好意を感じて赤チャンがにこやかに笑う——というようにして、初めて生命がその周囲にあるものを認識し始めるのであります。その時にその認識を出来るだけ導き出すようにしてやる。これが引出す教育であります。この赤ン坊の最初の生命の芽生えが心の働きを見せてきた時に出来るだけ導いてそうして完全に発達するよう導いて行くということが最も肝腎であります。

　大抵の場合に於て、そんな小さい赤ン坊なんかに物を教えても何も覚えないであろうと考えられるのでありますけれども、いわゆる大人が覚えるというふうな式に、決して詰込み式には教え込むのでありませんけれども、生命が生命自身の中から、心の働きを、植物が芽を吹くように中から出て来る、その出て来るのを、出て来させることが教育なんです。押し込んで、押し入れるのじゃないのであって、出て来させるように導くのが教育であります。生命の能力の出て来る足場、手がかりを拵えてやるというようにすることが教育であります。

例えば枕許へ何かぶら下げておいてやるとか、或は面白い玩具を置いて見せるとか、単に見せるだけではない。話しかけて、そうしてその玩具の持っている内容を表現す言葉で話しかけてやる――これが大切であります。赤ン坊に話したって意味が通じないと思うと、それは間違いである。赤ン坊のデリケートな心は、心のヒビキ(即ちコトバ)をそのヒビキによって直接的に把握するのです。赤ン坊の頬っぺたを突っ衝いて「可愛い!」と発音する、すると、その頬っぺたに当ったショックが害物ではなく、愛撫の感触であると直感するように、枕頭の玩具を指さし示してその内容の言葉で表現して聞かせると赤ン坊にはよく解るのであります。

幼児に何も与えないで、じっと寝床の中へ寝かせておくというふうなことをしますと、幼児は最初最もよく触れる感覚というものが発達しまして、乳房へ食附くとか、手で何か押してみたり、物に触ってみたりして触覚を

愛撫　可愛がってやさしくなでること

練習するのであります。この触覚の練習時代に触覚の対象となる、色々異る物体に触れさせずに、いつも同じもの、柔かい褥の上で同じ触覚ばかりを与えて、少しも変った感触を与えないでおきますと、その感触に慣れてしまって、さまざまの他の感触を求めてくる。しかし何もその触覚に触れる対象がないとしますと、無暗に乳を飲みたがってみたり、自分自身の指を吸うとか、自分の身体の一部を弄ぶとか、顔をヒョットコのように歪めてみたりします。自分の顔はどんな顔をしているか自分にはわからないのであって、触覚さえ変っていれば面白いのですから、色々と変な恰好に顔を歪める癖がついたりして、顔というものが、美しさとか喜びとかいうものを表現する機関にならないで、単に肉体的触覚を弄び喜ぶ為の道具のように変って来るのであります。こんな、単に肉体的触覚を弄ぶという習慣は、幼児の自瀆的傾向ともいうべきもので、それが長じては本当の自瀆に変じて来るのであります。五官は外界にあるあらゆる美しさというものを受容れる機

褥　布団。寝床

ヒョットコ　口がとがり、一方の目が小さい滑稽な顔の男の仮面

自瀆　手淫に同じ

五官　外界の事物を感じ取る五つの感覚器官。目・耳・鼻・舌・皮膚

関でありまして、自己の肉体の触覚を弄ぶためのものではありません。外界に在るすべての美しさを受容れると申しますが、受容れてそれを感ずることが出来るのは、自分の中にその美しさと同じものが、既にあるからであります。自分の中にあるあらゆる美しきものを外へ引出す、これが教育であります。勿論、最も低い肉体的触覚も自分の内にあるのですが、その「引出すこと」をそんな低い程度のものではなく、高い高尚な種類のものを引出すには、いつ迄も低い程度のものばかりに幼児の五官を低迷させておいてはいけないのです。引出すのはやはり外界の生命のヒビキが引出してくれるのでありますから、外から吾々が徐々に生命の高いヒビキに誘導する「迎い水」を注ぐことが必要であります。ポンプに「迎い水」を注ぐと井戸の水が上って来る、それと同じようにして幼児の内部に宿っている総ての生命の動き、智慧、愛というふうなものを引出して行くのであります。尤もお母さん達、皆さんのやっておられることは大抵自然とそういうふうになって

高尚　けだかくて立派なさま

迎い水　井戸水をくむ時、水を誘い出すために上から注ぐ少量の水。呼び水

いるのであります。園田清秀さんの「音楽早教育法」を見ますと、あの方は今は亡くなられましたが、胃袋の裏に茶碗位の肉腫が出来ていたのだそうでありまして、その肉腫が心臓や、大動脈を圧迫するので到底長く坐するに堪えられないので、ずっと寝て生活しておられる間に、幼児を母親が如何に教育するかというふうなことをじっと見詰めて観察する修行をなさったというのであります。そうすると、母親というものは子供に対して深い愛があるために、深い愛があればどうすれば好いというような智慧もまた生れて来るものでありまして、そこに自然の智慧の導きというものが出て来て、自然と天才養成法に適っていることを発見せられたのであります。例えば、幼児が色々と外界の事物に触れて、そうして「これは何？」とか「あれは何？」とか尋ねるにしても、また尋ねないにしても、母親は幼児に対して色々と教える。園田さんの挙げた例には「キューピー・マヨネーズ」という言葉が書いてありましたが、（あの方は音楽家でありますから、発音のこと

園田清秀さん　明治三十六〜昭和十年。ピアニスト。音楽教育家。わが国で初めて絶対音感の習得のための音楽の早期教育を提唱した

肉腫　筋肉内にできるはれもの。癌とともに代表的な悪性腫瘍

が主に書いてありましたが）例えば幼児が「キューピー・マヨネーズ」とはっきりいえないと、「キューピー」「マヨネーズ」とハッキリ深切に教える。幼児は「クーピー……マヨニーズ」とか何とかいうと、またそれを「キューピー・マヨネーズだよ」「キューピー・マヨネーズですよ。さあいってごらん」「キューピー・マヨネーズ」「そうそう」と、こういう具合に、幾度でも倦くことなしにそれを導いて行く。その倦くことなしに導いて行くというところが、これは詰込みではないのであって、子供の方は自分でいいたいのです。いいたくて堪らない。何かいいたくて堪らない、引出して欲しくて堪らない、それを導いてくる、これが生命を引出す教育です。「マヨネーズ、覚えなさいよ！」というような言いッ放しで詰め込むのじゃないのです、幼児の内部にあるものと同じ響を与えて、その内部にあるものを引出し引出しして行くと、幼児に隠れている弁別能力というものが引出されて行って、この場合には音楽教育ですから、響の高低に対する弁別力というも

倦くことなし　あきることがない。いつまでたってもいやにならない

弁別能力　物事の違いをはっきりと区別する力

のがだんだん引出されてそこに音楽の天才が養成し出される。音楽に限らず内部に包蔵して外に発現しようとしている生命の閃きというものを外へ引出すことによって初めて偉大な天才が生れて来るのであります。園田清秀さんにいわせると、現在「天才」といわれている程度にならば、どんな普通の子供でもなり得るものであります。それ以上の大天才になるのは、これはまた本当に天分というふうなものが必要だと、あの人はいっておられ、又実際に小さな子供を教育してみて好成績を挙げていられるのであります。

そういうふうに、子供には大人よりも、素直に導き出せば出るところの生命が宿っている。その生命を殺してしまったら何にもならないのです。これは、中等学校の語学の教育というものと、それから普通の母親が赤ン坊に対する語学の教育というものとを比較してみますと、如何にこの「詰め込む教育」が「引出す教育」に及ばないものであるかがわかるであろうと思うのでありまます。つまり、中等学校の英語の教育というふうなものでは三年位英

包蔵　内部に持っていること

天分　持って生まれた性質・才能

中等学校　旧制の中学校。旧制高等学校への進学を目指した男子中等普通教育機関。昭和二十二年に新制の中学校、高等学校に改編された

語を習っても容易に喋れるようになれない。ところが母親が何も知らぬ赤ン坊に対して日本語を教えると、(或は外国人の母親なら英語を教えると)、三歳位にもなると、もうちゃんと日本語でも外国語でも喋れるようになる。これはどういうわけであるかというと、一方は、中等学校の教育というものはいわゆる詰込む教育をして、詰込もう詰込もうとやっている。「これを覚えなさい、これを覚えなさい」です。ところが三歳の幼児に対する母親の教育というものは「引出そう、引出そう」としている。別にそう意識をしていないけれども「引出そう、引出そう」としているのです。例えば、コップを見せて「これはコップですよ。」「コップね、そら、コップ。」それを引っ繰り返して見せつつ、「そらコップがひっくりかえります。」坐って見せて「おすわり。」立たせて見せて「立っちですよ。」そんな塩梅式にそれを引出すわけなんです。語学の本を読んで実物を見せずに「覚えなさい、覚えなさい」と、そんなことはいわない。坐ることに興味を感じている最中に

塩梅式　具合、ようす

「お坐り」といい、立つことに興味を感じている最中に「立っち」という。生命が動いている瞬間に捉えられている、だから早く覚えるのです。例えば、コップを覆して子供に示す。すると、その時、幼児にとっては驚くべき変った現象が起るわけであって、彼にとっては「どうしたことであろう?」と興味を湧かしている。その最中に「これはひっくりかえったのです。ひっくりかえったのですよ。」「そら、ひっくりかえったら割れます。」まア、そういうふうな塩梅に、生命が興味を感じた刹那にそれを表現する言葉が出る、これが語学教育の極意なのです。「さあ、これは割れたでしょう、割れたでしょう。割れたコップに水を注ぐと零れる、零れる、これが「零れる」というような塩梅式に導く。それはみな、幼児が自分の力で内から出よう出ようとしているものをすっと引出す教育になっているわけであります。これが「今」を生かす教育でありまして、その子供の「今」まさに動き出そうとしている生命を引張り出すということになっているのです。子供

刹那　瞬間

が、女の子供なんかだとよく台所の仕事等手伝いたくて仕方のないような時代があって、怪我でもしそうな危っかしい手附でままごとみたいなことをしたがって仕様のない時がある。こういう時は子供の生命が出よう出ようとしている時である。その出ようとしている生命を出るよう出るように導いてくれる母親があれば、そういう母親に育てられる子供はどんなにか幸福だろうかと思います。

ところが子供の幼児期が過ぎて少年少女期になろうとすると幼児期には知らず識らず「引出す教育」をやっていた母親も、幼児期時代ほどに子供と自他一体の観念が起らなくなって来る。これが教育の堕落であります。生れ出たままの続きのように感じられる幼児期では、本当に吾れと幼児と一体のような自覚があった為に本当の教育が出来たのでありますが、相当子供の身体が大きくなって来ますと、何となしに別個の存在であるような分離の感じを持って来て、自然にこのコップの顚覆るのを見せて「そら、コップ。コップが顚覆ったでしょう。そら、水が零れた。零れた水を拭きましょう。そら拭いた」というような塩梅式の、一つ一つ子供が自分の内部から知ろうとし、出そうとしているものを引出すような教育が出来なくなる。そして今度は、「そんなことしていたら、台所がうるさいからあっちへ行きなさい」と、折角、子供が内部に有っていて引出してもらいたいものを、「うるさい、うるさい」と撥ねつけるようになる。この撥ねつけるようになるのは、親の方が児童と一体感を失って功利的になって来るからです。役に立つとか、役に立たぬとか、経済的とか、実用向きとか、そういう標準で子供を排斥して、子供のまさに芽吹かんとしている生命を引出すことを怠ることになるのであります。この折角今引出されたいと子供の生命が内部から溢れ出て、これを手伝いたい、菜っ葉を截りたいというふうな、内部から溢れ出て来るものを抑えて脇へ除けてしまうということになる、これは教育が手段に征服されたのであります。教育が生活そのものにならないで、或る

功利的　物事を行う際に、利益や効果を第一に考えるさま

ことの手段になる――ここに教育の堕落があるのであります。それで、手段でなしに「今」を生きさす――「今」生命が溢れ出して「こうしよう、こうしよう」「こうしたい、こうしたい」と、樹木の新芽のようにまさに内部から溢れ出ようとしている時に児童の生命を生かすというふうにしたならば、人間の内部に流れている能力が充分に発達するのです。この何となく母親の台所仕事の手伝いなんかしたいという時には、単に能力が発現しているだけではなしに、愛の心が動いている、自分からして、母親を喜ばして上げたい、という愛の心が起っているのだけれども、親の方では実用一点張りで、そんな愛を受けたって時間がかかるばかりである、邪魔になって却って仕事が運ばないと、愛の心を功利的価値で計算して、実用一点張り、経済向き一点張りで片附けてしまおうとする。こうなると、折角愛の心で「親達の手助けをして上げたい」という生命の働きが動き出そうとしている時に、その生命を押込めてしまうという事になる。そして、青年期になってからその子供に「ちょっと私の手伝いをしておくれ」といっても、もうその子供は手伝いをする喜びを、その最初の芽生に於て摘まれてしまっているのです。折角「出よう、出よう」「手伝いしたい、手伝いしたい」と生命が芽吹いている時に「邪魔になる。うるさい！　あっちへ行っておれ。」こうやられたものだから、今度実際に手伝って欲しい時、大分子供も成長して能力が出来たとき手伝って欲しいと思っても、「何だ、母さんったら利己主義だわ」ということになって手伝わない不深切な子供が出来る、子供の心は、親の心の影だったのであります。

こういうふうに児童の成長の経過中に、その時その時に「今」でないと発達しないというふうなことがあるのです。それで、総ての吾々が児童から天才を引出そうとするにはその時機その時機を見失わないようにして、内から出て来るものに、皆出口を与えて引出そうとする、これが生命を引出す、天才を引出す、「生長の家の教育法」であります。

　このように子供の天才を引出すには子供の生命を見る、これも、結局子供の生命の実相を見るのでありますが、その生命がどういうことに出口を求めて生きようとしているかということを見て、その出口に「迎い水」を与えなければ本当の教育というものは成立たないのであります。

　例えば、子供が卓上に何かを落すとする、物が落下する、音がする——これは子供にとっては実に不思議な現象である。手を離すと床の上に落ちる、落ちると反動で跳上ったり、顚覆ったりする、なかなか面白いから幾度でもやってみる。まだまだ一層高い所から落してみると、どういうふうになるだろう、反動が強くて、跳び上り方が面白い。またこう、また落す、益々面白いからやっている、あまり上から落すとポーンと割れる——子供にとっては、先には割れなかったのに、今度は割れた、実に驚異である。もう一度割ってみる——ところが、大人にとっては、この子供は殊更にコップを床に投げて割った、実に乱暴なる子供であるということになるわけです。それで、「何という貴様は悪戯小僧の悪い奴だ！」といって呶鳴り附ける。すると、ここに子供の世界にはじめて、言葉の力で「悪」というものが出現するのです。「悪」だといわなければ、それは「悪」ではない、悪童だといわなければ悪童ではない。それが、「お前は悪童だ」という言葉によって「俺は悪童かな。悪童だから、こういう悪いことをする性質だな」と子供の心に印象されて、折角「今」この子供の伸びようとしているものが伸びないことになり、変な方に曲ってしまうのです。そういう場合にも、これは悪童である、これは乱暴な子供であると思ってしまうのは、「仮の相」に執われているのであって、「実相」を見ないものである。子供の実相を見る教育をする為には、何のために子供がこういうようにこんなものを落っことして顚覆してみたりするのであるかという、その奥にある生命の流れを知らなければならないのであります。子供が灰を摑んで投げる為に座敷中灰まみれになったというふうな事はよくあることですけれども、そこに子供が伸びようと

悪童　悪い子。いたずらっ子

灰　本書執筆当時には、座敷の中央にあったいろりの灰を子供達がつかんで遊ぶ等のことがあった

する力が出ているのである。その時に、「お前は悪戯小僧である。わるい子供である」と、こう「汝は悪人なり」という言葉を発すると、言葉の力によって本来「悪」をしようと思っていないものに「悪」を教え込むということになり、ここに初めて子供の世界に「悪」というものが出現して来るのです。それ迄はその子供には、コップを破ってもそれは悪じゃなかった、悪じゃなかったけれどもその時に大人が「お前はわるい子だ、こういう『悪』をして悪い子だ」というと、子供は「私は悪い子だな、わるい子はコップを破る、悪い子だからコップを破るのは当り前だ」とそういう工合にしてわるい子供というものが、言葉の力でこの世に現実化して来るのです。ところが「これは落したから破れたでしょう。破れたら二度と水が入らないでしょう。これじゃつまらないでしょう。だからこれから破らないようにしましょうね」とだんだん教えて行って、破ったことに対して、破ったらこういう結果になる、こういう工合になるから二度としては詰らないと知らせる。叱るのではない。最初のそれは子供にとっては実験みたいなものなんですから、その破れたことに対して破れたら、「ここへ水を入れてごらんなさい。入らないでしょう。そら水が入らぬ、水が流れる、水が流れ出たら、あなたお水が飲みたくても飲めないでしょう」というような塩梅式に、子供がコップを破ったことに対してもそこに色々と生命を引出す教育が出来るわけであって、それを「お前はコップを破ったから悪童である」といって、頭ごなしに断言してしまうと「私は本来悪童というもので、善いことは出来ない者だ」と、子供の生命の善さが押し込まれてしまうのであります。

総ての子供はみな善人であってわるい子供なんて本来ひとりもないのです。だから吾々は、大人の気持で以て子供を推し量って自分の幼時の記憶を忘れてしまい、幼児の行為の形だけを見て「汝は悪人である」というような断言や呶鳴りをすることは慎まねばならない。子供というものは何でも色々と実験しながら、その生命が伸びて行く。だから、茶碗を破る実験も時にはいいのでありますから、その実験には幾らか金が掛りますが、中等学校の理科の実験室にも相当金が掛けてありますから、家庭ばかりを窮屈にするには及ばないでしょう。さて、そういう物を破壊した場合には、それに伴うて不結果が起るということを理解させたら、茶碗を破った実験も無駄にはならない。「茶碗が破れたら、そらこんな御飯を入れても入らない、水を入れても入らない、そうすると食べたくても食べられない、つまらないことでしょう。これから大切に致しましょうねえ。こうして大切に静かに取扱ったらいつまで使っても破れないでしょう」という塩梅式に教えて行けば、そこに本当に生命を引出す教育が出来るのであります。

これは単に一例でありますが、そういうふうにして、あらゆる場合を通じて「悪」というものは一つもない、唯だ子供にはその生命が溢れ出よう、出ようとしている。その方向をリードして行くのが吾々の指導であります。生命力を押し込まずに導いて、その次には「こういう具合にしましょうね、ああいう工合にしましょうね」といって破壊を転じて建設的方面に子供の生命力の発現を導いて行くのであります。そしてそこに建設的な何物かが子供の力で出来た場合には、大いに言葉の力で賞める。すると、悪いことをした時に「あんたは悪人だ」といってそこに悪というものが初めて出て来たのと同じように、今度は言葉の力によって、善なる子供が唯の理念の世界だけではなく、現実の世界に確実性をもって出来上るのであります。

それから、子供の生命を引出す教育をするのには、今までの普通の衛生的思想に執われてはならぬのであります。生理学的の立場から、「人間は八時間眠らなければ疲れるものである、子供は十時間は必ず寝なければ体にわるい」というふうな観念を植附けたりしてはなりません。また「勉強」という言葉を「苦しいことだ」と考えさせるような言葉遣いを親がしてはなりません。勉強というものは苦しいものではない、本当は生命を伸ばす楽しいことなのです。ところが大抵の父兄の方は「勉強は辛いことだ」と自身もそう思っておられ、遊んでいる方が楽であると思っていられるので、勉強を子供に勧めるのは、「楽しいからやれ」というのではなくて、勉強は辛いけれども競争試験があるために已むを得ないから勉強せよというような気持でいられるのであります。だから、時々、子供が烈しく勉強しているのを見ると、「幼いのに可哀相だ」というような気持が起って来るのであります。この親の気持が子供を「勉強とはつらいものだ」という観念に導いて行くのであります。大抵の親は決して「勉強は辛いことだから可哀相だから、勉強なさるな」とはいわない。「勉強をなさい、勉強をなさい」と口癖にいうのが普通ですけれども、その言葉の裏に何となしに「あんなに烈しく勉強するのは可哀相だ、体が悪くなりはしないか」というような不安があるから、それが言葉の端なり、態度の端なりに出て子供を感化してしまうのであります。何となしに家庭の親の心持、学校の先生の空気の中からそういう暗示を受けて、「勉強とは辛いことである、苦しいことである」と子供の心の中で観念が固まってしまうことになるのです。そうすると「勉強しなさい」と親からいわれても、「勉強というものは辛いこと、嫌なことである、何か強制されることである」というような反撥観念が加わるから勉強に興味を感じない、従ってまた努力に正比例するほど成績が上らなくなるのでありま す。大体、勉強などという文字が「勉めて強いる」と書いてあるものですから、どうも感心しませぬけれども、それでも、親や先生が「勉強ということは生命を伸ばす遊戯で実に楽しいことである」と、こう思わせるように導いて行きますと、勉強の効果が上るばかりか、勉強によって子供の健康を改善することも出来るのです。又親自身が勉強によって人間は疲れるものである、或は健康がわるくなるものであるという念を持っている場合には、子供にそれをいって聞かせると否とにかかわらず、何となしに子供に伝わるのであって、勉強嫌いというものはそこから起って来る、また、勉強によって健康を害するということも、そこから起って来るのであります。これに反して、「勉強するということは、健康を増す薬である」或は「勉強ほど楽しいことはないのだ、ああ勉強は楽しい！」というような心持にならせると子供は興味を覚えながら楽しい、楽しい心で勉強するから、血液循環もよくなり、勉強することがスラスラと心に呑み込めて、成績も上り、健康もよくなるのであります。

私のところに来られた小学児童で病中又は病後の虚弱を激しく勉強しながら体力を恢復し、スッカリ健康になられた人がたくさんあります。一例を挙げれば、肋膜炎を患って半ば治ってふらふらの痩せ細った尋常六年生の子供が私のところに来られたことがある。私はその母と子に「勉強は薬ですよ」と強くいって上げたら、母子とも私を信じて本当にその気持になって、その後、その子が勉強する時には「お母さん、これから薬服みますよ」「これから薬服んでもよろしいか」などという。母親の方でも「ああ薬飲みなさいよ、勉強したら達者になりますよ、勉強するほど人間は丈夫になる

肋膜炎　肺の外部を覆う胸膜に炎症が起こる疾患。現在では胸膜炎という

尋常　尋常小学校。明治十九年に設置された満六歳以上の児童に初等教育を行った旧制の小学校。修業年限は当初四年、明治四十年からは六年となった

達者　健康で丈夫なこと

ものですよ」という。それ以来、この痩せ細った衰弱した子供が、午前二時、三時頃まで勉強してもちょっとも疲れなくなり、体重も三貫目ほども増加してとうとう中等学校へも入れたという実話があります。

こういう事実があるのは、勉強そのものが人間を疲れさすのでも、病気にするのでもないのであって、「勉強は人間を疲労さすものである」という考えが今迄子供を疲れさせていたのです。「八時間睡眠しなければ、健康に悪い」という考えが子供を不健康にしておったのです。ところが、「勉強は薬である」という考えを持ち、言葉によって勉強は薬だと表現することになると、この子供の場合のように本当に勉強が薬になるのであります。思いの力、言葉の力が、勉強を毒薬に変え、或は良剤に変えてしまうのであります。というのは、本来、勉強とは何も勉めて強いることではない。生命というものは、「静」が本体ではない、「動」が本体である、動くのが本体である。聖書にも「神は今に至るも働き給う」とある。そのように、生命は働く

三貫目　約十一キログラム。「貫」は尺貫法の重さの単位で、一貫目は約三・七五キログラム

聖書　ユダヤ教とキリスト教の聖典。ユダヤ教は『旧約聖書』、キリスト教は『旧約・新約聖書』が聖典

「神は今に…」　『新約聖書』「ヨハネ伝」第五章にあるキリストの言葉

ように創造られているのですから、勉強すること、働く事が生命を発達さすことになるのです。だから生命を顕わさんとするものは勉強せよ、働けということになるのです。「生命を顕わす」とは能力も進歩し、健康も増進することです。在来考えられていたように、同一生命の発現である「能力」と「健康」とが重盛の「忠ならんと欲すれば孝ならず」の道徳のように相反しているのは、本当ではありません。本当は能力を出すことは即ち健康となることなのです。とにかく能力を発現さすことによって、吾々の生命は生きとして来るのです。樹木はじっとしている、じっとしているようだけれどもやはりどこかが働いている、それだから生きている、もし働きが止まってしまったら養分を吸収しないで直ぐ枯れてしまうということになる。やはり植物も働いておるから、水分が循環し、栄養が循環して、美しい花をも咲かせ、美味しい果も生ずるということになるのであります。

「生長の家」では、生活でも、教育でも、出来る限り強く明るく百パーセ

在来　これまであった。従来

重盛　平重盛。保延四～治承三年。平安末期の武将。清盛の長男。通称・小松内府。保元・平治の乱に功があった

「忠ならんと…」　頼山陽著『日本外史』に記された重盛の言葉。主君に忠誠を尽くそうとすれば親に先立つかもしれず、孝行ができない。父清盛が後白河法皇を幽閉しようとした際にいさめた言葉

ントにやり抜きやり尽して悔いなき生活を送るのであります。今までの教え方では、何でも「八分目」ということが尊ばれた。御飯を食べても八分目、何でも控え目に八分目にやらないと毀れるというふうに考えられておったけれども、生長の家では「八分目」なんてそんな中途半端なことはいわないのであります。「今」ある生命力を百パーセント生き切れば、そしたらその時には、ちょっと疲労したように見えても、次には却ってその疲労が恢復して、百パーセントの力が出るのであります。だから、子供を導く場合にも、「早く眠るようにしなければ、明日疲れますよ」なんていわないのです。「いい加減に勉強しておきなさい、明日疲れるといけません」などという人があるけれども、「好い加減」とは実は「今」の生命力を百パーセント使うことなのです。百パーセント「今」の生命を使い尽して、そして睡くなって来れば寝たら好い、これが「好い加減」である。その子供の生命にとって、どれだけが好い加減であるかは、子供の生命それ自身が知っているのです。それを親達が横合から要らぬ干渉をして、「疲れますよ」などというから言葉の力で疲れてしまうのです。勉強するには疲れるとか、失敗するとか、イヤイヤするとか、暗い考えは一切禁物であります。明るく勉強することが必要なのです。生命というものは明るいのが本当の相なんです。今までの多くの宗教に於ては、大抵いやしくも宗教にたずさわる者は厳粛で、いかめしく、固苦しく、窮屈で、虔しやかであることが美徳であると考えられていたらしく、仏教の坊さんにしても、何となしに抹香臭くて暗い。キリスト教の教会へ行ってみると、窮屈な、暗いような、悲哀なような、泪をながして神に懺悔するような、いやしくも笑ってはならないというふうな空気が往々あるのであります。がそういう暗い陰気な空気のところでは本当の生命というものは伸びないのであります。或は準備時代には暗い湿地にいることも必要ですが、本当に生命の伸びる段になると明るいということが必須条件である、太陽の光線の下に強く照されてこそ、初めて樹木がよりよ

いやしくも　かりにも。かりそめにも。

仏教　世界三大宗教の一つ。紀元前五世紀頃、釈迦がインドで説いた教え。日本には六世紀中期に伝来した

抹香臭い　抹香は、仏前の焼香に用いるシキミの葉・皮の粉末から作った香。転じて、いかにも仏教的な感じのするさま

キリスト教　ユダヤ教を母体としてパレスチナに興る。世界三大宗教の一つ。唯一絶対の神を奉じ、現在に至るまで欧米文化の基盤をなしている。イエス・キリストが始祖

懺悔　犯した罪を神や人に告白すること

く生長し得る、それと同じように、吾々の生命も明るい心持の中に照されて、はじめて本当に伸びて行くのであります。だから勉強は愉快に明るくするということが必要であります。やがて生長の家でも、学校が出来ることになっておりますが、何しろ現代の教育法を見ておりますと、実にまだるっこい緩慢な勉強の仕方をやっているのであります。第一、一学期間にどれだけほどの本を読むかというと、四号活字か三号活字の大きな活字で印刷した教科書の二、三頁を、一時間かかって読ませたり、色々とそれを引伸して講義しているのでありまして、皆さんでも、そんな二、三頁のビラ位の文章を一時間かかって何遍でも読めと強いましたら、勉強というものは実に退屈なものになって来るでありましょう。

或る小学校では、中等学校へ進む生徒と、小学教育で終る生徒とを区分して中等学校へ行く希望の人だけを別に集めて、そうして先に予習させている。そして普通の生徒はまだ教科書の三分の一位を習っている時に、中

まだるっこい 動作が鈍く感じられて、じれったい
緩慢 ゆったりしていて、のろいこと
四号活字 約五ミリ角の活字
三号活字 約六ミリ角の活字

等学校へ行く生徒だけずっと教科書の終り頃迄行っておるのです。そうして普通の授業時間には普通の生徒と同じように、既に一遍習ったところを習わせている。一時間も掛って二、三頁の分量を一回やらせられるだけならまだしも、二回も勉強させられたりすると、大人でも勉強というものは退屈なものだと思うに違いない。子供の勉強ぎらいはそこからも起ってくるのです。ドストエフスキーの『死の家の記録』という小説の中に、シベリアの徒刑囚に二個のバケツを与えて一方の水を他方に空け換え、また一方の水を他方に空け換えして、その退屈な仕事ばかりを繰返さす一つの刑罰の話が書いてあります。そうすると大抵その死刑囚が狂人になってしまうのです。その事実によって見ても、同じこと、単純なことをあまり反復させるということは却って生命を生かす所以でないことが判る。二、三頁位の分量を、そう何度も何度も繰返されたら、小学生も退屈になり、嫌気がさして、隣りの生徒と悪戯でもしたくなる。それで、勉強は馬鹿らしい、退屈な

ドストエフスキー　Fjodor Mihailovic Dostojevskij　一八二一～一八八一年。トルストイ、ツルゲーネフと並ぶ十九世紀後半のロシアを代表する小説家。代表作に『罪と罰』『白痴』などがある

『死の家の記録』　一八六〇～一八六二年にかけて発表された長編小説。作者自身の獄中体験記と目される作品

徒刑囚　辺地に送られて労役を課せられた囚人

ことだと思って勉強を回避するという悪い習慣がつくことになってしまうのです。これからの吾々の教育は、もっと時間を尊んで、そうして充分に生命を生かすというようにしなければならないと思います。

子供の能力を低いものだと見ることが間違いなのであります。子供は一時間に二、三頁位しか本を読んで覚えることが出来ないと思っていると間違いです。先日も五号活字三百頁位の御伽噺の本を、尋常六年生の私の子供が人から貰ったのです。日曜日に終日それを読んでいる。「お前どこまで読んだ?」ときくと、「もうみんな読みました」といっている。三百頁位の御伽噺を、五号活字で書いてある長さが一日で読めるといっている。それで「どんな話が書いてあったか?」と訊くと、よく覚えている。ところが、三号活字か四号活字の大きな活字で書いた薄っぺらな教科書を、半歳も掛って繰返されて「覚えなさい、覚えなさい」といわれたのでは、シベリアの徒刑囚ならずともウンザリする、却って覚えないで生命を浪費するのであり

五号活字　約四ミリ角の活字

ます。お伽噺の本なら五号活字三百頁を一日に読破して大体覚えられる。これは子供の生命が興味をもって内部から覚えたい、知りたいと思って芽吹こうとしている。その「迎い水」としてそれらの本が与えられているからであります。この自然の生命を喚出すために適合した本を与えるということにしなければ、本当に子供の生命を生かすということが出来ないのです。それだのに、現代の小中学教育の弊害は「今」その生命を伸ばす教育をやっていないのであって、上級学校へ行くのにはどういうふうにして覚えたらいいかということばかりに山をかけておって、「今」の生命の伸ばし方はどうでも好いのである、「今」は窮屈でも、生命を殺してもどうでもいいのである。こんなことだから、大学を出ても、早速仕事の出来るような人間が少いのであります。お伽噺が一日に三百頁覚えられるとすれば、歴史にしてもどんな学科にしても本当に興味が湧くように教えられれば、たちまちにして中等学校で教える位の日本の歴史位は半月もすれば完全に覚えられてし

読破　読みとおすこと

弊害　害となるようなことがら

山をかける　そうなるであろうと予想して準備すること。試験などに出そうなところを推定すること

まうはずです。今の教科書はあまり骨ばかり抽象して書いてあるから、興味がなくて覚えられないのです。もっと生きて生命のある表現ある教科書を使うことが必要です。そういうふうにして明るく、愉快に、生命を「今」百パーセント伸び伸びと伸ばして行くということにすれば、人類全体の知能のレベルがぐんと上る、今よりも人間は楽しく勉強しながら能力が倍加し、健康が倍加するのであります。生命を正しく伸ばすには生命にも美味しい料理が必要です。澱粉何グラム、蛋白質が何グラム、脂肪何グラム……とそれを粉末にしてオブラートにして服むような式の無味乾燥な料理では肉体が肥えて来ないのと同じく、骨子ばかりを書いた教科書では心は教育されないのであります。興味というものが勉強についての調味料であります。良い教科書とは子供の興味を唆る教科書なのです。良き教師とは生徒に興味を与えながら教える先生なのです。興味を感じなければ、二、三頁を読むのも苦労であるし、興味を感ずれば三百頁も一日に読めるのです。ところが興

抽象　個々の物事から共通の要素を取り出して一般的な概念をつくること

オブラート　oblate　ドイツ語。でんぷん質にゼラチンを混ぜた透明の薄片。飲みにくい粉薬などを包む

無味乾燥　味わいや潤いがなくてつまらないこと

骨子　要点

味を湧かせるには処を得させるということが必要であって、処を得なければ興味を感じなくなるのです。例えばどんな御馳走でもお腹が一杯の時に突き出されたらそれは食べられない。それは本当に御馳走でない、正しくないということになるのです。ところが梅干弁当でも腹の減った時突き出されると正しいものであるということになる。勉強も、それと同じことで「処を得させる」ことが必要です。教材の配列の上手下手にも生徒の興味の感じ方が変って来る。同じ算術の教え方でも材料を按排し、或は説明の仕方を実際の生きた問題などに連関させて面白く話すことも出来れば、骨だけ抽出して無味乾燥に教えることも出来るのであります。これは主として教師たるものの技倆であります。

十六　善と愛と智慧と光明とを生かせ

処を得る　よい時期や場所を得る

算術　旧制の小学校における教科名。算数

按排　ほどよく並べ調えたり処理したりすること

連関　関わり合ってつながること

技倆　腕前。技量

頭注版㉘一一〇頁

十六、吾らは常に善と愛と智慧と光明とが人の実相なることを信じ、常につとめて善に還り、愛を行い、真理の書を読み、全人格の雰囲気と心の習慣とを神の如く完全なるものたらしめんことを期す。

これを要するに、人間は本来善であって悪人というものはない。物を破壊するというふうなことでも、それが自然に出て来た時には決してそれは悪でないのであって、それが大人の立場、経済的の立場から考えたら、悪に見える為に、「お前こんな悪戯をして悪人である。」こう言葉で宣言するために悪というものが出現して悪童、悪い子供というものが出来上るのであって、それまでは「わるい子供」というものはないのである、こう申しましたが、赤ン坊がだんだん生長して、乳児期から少年期に移るというふうな時代になりますと、だんだんもの、、を愛撫するというふうな心持が起って来るのであります。もの、、を愛撫する心持が起って来て、例えばここに百合の花があるとしますと、その百合の花を見るとそれを何となしに摑んでみたいというような心持が起って来る。ところがこの百合の花を摑んでみるということは子供にとっては百合の花を愛撫するということなのです。しかし大人にとっては美しい花を引っ摑まれてたまるものか、摑んだら毀してしまうというふうなことを考える、「そんなことをしてはいかぬ、お前は又わるい子である」とこういうふうにともすれば言おうとするのです。これは子供の内に動いている愛というものを押し消している教育になっているのです。最初は愛撫するつもりでも、どの位に摑んだら毀れるものであるかということがわからないのであって、唯だ可愛いから摑みたいというふうな気持が起って来る。摑んでみて毀れたら、その時はじめて「ああ、この花は毀れて可哀相だ」という感じが子供にも起る。この時「ああ、可哀相に！　百合さん」といって、お母さんが残った百合の花を毀さないように軽く撫でる恰好をする。するとその程度の愛撫では花は傷かないことが子供にもわかる。

ともすれば　どうかすると

そこで子供は真似をして、「可哀相に、百合さん」といって愛撫の真似をする。こうすると愛撫の心は押し消されないで、却って愛撫の心が養われながら、物の大切な取扱い方というものが解って来る。ところが、「この子は百合の花でも何でも毀す悪い子供だ、子供というものはどうも乱暴なもので、美しいものでも何でも毀すもので、悪い者だ」こういう言葉を持って行くと、そこに折角愛撫の気持を以って行動した、そのことが悪いことだったと、子供にとっては実に変な矛盾した感じになって、子供の内部生命の愛が芽を吹こうとしているのが迷ってしまうことになるのであります。だから人間に本来悪人はない、況んや子供に本来悪人はないと知って、実相を見るようにし、子供が花を愛撫するために花を摑んでもこれは愛撫する心でしたのであるから決してわるい心でない、どの程度に摑んだらいいかわからないために失敗したのだ。傷いたら、傷いたのを機会に、本当の愛撫の仕方へ誘導する。子供の頰ぺたを軽くつつきながら「可愛い坊ちゃんだね、可愛い可愛い」と言葉でいうと、「お母さんは可愛いね」といって子供もお母さんの頬ぺたをつついて撫でる。そこに愛というものが本当にどんな気持のものであるかということがわかって来る。お母さんにそうして上げると、お母さんがまた嬉しそうな顔をする。こうして、その子供は、自分の喜びは母親の喜びである、或は自分の喜びは百合の花の喜びである——百合の花に触れれば百合の花も喜んでいるものであるということがわかって来ることになるのであります。こういうようにして、この自と他と、自分と外界との総てが一つの生命に支配され、愛の世界に溶け込んでおって、自分の喜びは総てのものの喜びであるということが幼児の時から自然と感ぜられるように仕向けるということによって子供の愛の本能を本当に大きく生長さして行くということが出来るのであります。大きな大人になってから「本来自他は一体である」なんていっても、理窟みたいで、却って素直に這入らないのだけれども、赤ン坊の小さな芽生えの時には、自他一体ということが実によく理窟でなしにわかっているのであります。「ああ、可愛い」といって自然と花でも何でも撫でる、そうするとまた、母親から撫で返してもらって「ああ、可愛い」という愛撫の善さがわかる。この乳児の体験が成長してからの総ての愛の基となって来るのであります。そういうふうにして子供を教育して行きますと、自然と内部に宿っている神なるもの、神性、仏性というものが現れて来て、悪とか、冷酷とか、憎悪とかいうようなことを自然考えなくなってしまい、この世から全ての悪というものが形を消してしまうのであります。

こうして言葉の力というものが実に偉大な感化を及ぼすものだということが判って来ましたならば、善き言葉を書籍にまとめたものを読ませるということの大切さも、類推されるのであります。子供が十歳か十二、三歳にもなると聖賢の書物を読ませる、偉人の書物を読ませるということは尊い感化をその子供に及ぼすことになるのであります。お伽噺の選択を誤ってはなりません。悲惨なもの、憂鬱なもの、恐怖を感ぜしめるものはいけません。聖

聖賢 聖人と賢人。徳があり、智にもすぐれた人

賢の話を読ませると、自分の中にもやはりこういう偉い人と同じ素質があるものである、自分もこうなれるという心持が内部から勃然と湧き起って来る。どんな聖賢も偉人も皆自分と同じものである。みんな神の子である、自分にも出来ないことはないのである、という自覚が子供を高め上げて、ついにそれらの子供が聖賢偉人の足跡を辿るようになるのであります。この生長の家式の新しき教育法については、『生命の實相』第七巻、第十三巻及び第十五巻に詳しく書いてありますから、御併読下さるよう希望します。

勃然　急に勢いよく起こるさま。突然

第七巻　本全集第二十二巻「教育篇」

第十三巻　本全集第三十九〜四十一巻「教育実践篇」

第十五巻　本全集の底本である愛蔵版第十五巻「児童教育篇」

併読　あわせて読むこと

真理体験篇　近眼・色盲等は治るか

第一章　近眼・色盲等は治るか

頭注版㉘一一七頁

時……昭和十年八月十八日　処……生長の家本部

――出席者――

本　部

谷口　雅春

谷口　輝子

立仙　淳三

治した指導者

豊島、千川町三ノ四三三六　服部　仁郎
中野、栄町通二ノ三　上竹原清薫
世田谷、経堂町二五九　栗原　清吉
小石川、宮下町四九　木下　博統

治った体験者

世田谷、経堂町三〇七　横溝　邦雄
牛込、市ヶ谷甲良町一五　柳澤　元俊
渋谷、穏田三ノ八七　中島　廉平
蒲田、蓮沼町二〇六　萩野　道仁
大森、入新井二ノ六　須藤源三郎
小石川、大塚仲町二六　鶴野善四郎
瀧野川、西ヶ原六一三　瀧内　秀綱

牛込、市ヶ谷甲良町一五　柳澤田鶴子

府下、北多摩千歳町船橋五　濱中　節子

芝、下高輪町一七斎藤方　渋谷ゆきえ

蒲田、蒲田町五三九　大西永喜子

板橋、小竹町二三九五　川村　芳子

渋谷、青葉二〇　鈴木　貞子

目黒、富士見台一五六一　古川惠偉子

市外、吉祥寺八八五　小林　操子

牛込、市ヶ谷台町九　高松あや子

中野、新井町五七七　野崎　千代

四谷、舟町五三　西村　つる

中橋　和子

立仙――この頃新聞紙は、盛んに学生の視力問題をやかましく取扱うようになりました。何でも文部省の調査によりますと、目下全国の小学校には約二百万人の近視眼の学童がいる。中学校や女学校には約二十五万人、大学生に至っては総学生数の約半分に当る三万五千人の近視眼があるそうです。この他実業学校を加えると、総計二百五十万人以上の者は眼鏡を用いていることと存じます。そこで文部省は大童になってこれが対策を講じているようですが、勿論物質万能な衛生家の手で、これに対して有効な対策の講ぜられるはずもなく、ほとんど傍観しているような有様です。ところが我が「生長の家」では、「近視が治った、乱視が治った、色盲が治った」というような実例は、毎日のように続々と現われています。私共はこの全く行詰っている国家の重大問題を眺めて、最早傍観してはいられない。是非この際奮然起って、これが救済に乗り出さねばというわけで『生命の教育』誌は特に「近眼は治る」特輯号を出して全国に送ることに致しました。本日

頭注版㉘一一九頁

文部省　学術・教育・文化・学校などに関する国の行政機関。明治四年設置。平成十三年に科学技術庁と統合され文部科学省となった

女学校　旧制で、女子の中等教育を行った学校。高等女学校

実業学校　旧制の中等教育機関の一つ。工業学校、農業学校、商業学校、商船学校、実業補習学校など

傍観　手を出さずにただ眺めていること

奮然　気力をふるい立たせるさま

『生命の教育』　昭和十年八月創刊の月刊誌。著者が提唱した「生命の教育」の普及のために創刊された

「近眼は治る」特輯号　昭和十年十月号。本章はこの号に収録された座談会の記録にあたる

はこの意味から生長の家によって視力の悩みを解決した体験者、並にそうした悩みを解決してあげられた指導者の方々に特にお集りを願って、英気溌剌たる御体験談や、御意見等を承わりたいと存じまして、この座談会を開いたようなわけでございます。尤も一と口に「近眼は治る」と称してはいますが、実は近視、遠視、乱視、色盲等いやしくも視力の問題に関するものの一切を含めて取扱いたいと存じております。何卒よろしくお願い申上げます。

先ず谷口先生から、この問題の全般に渉って何かお話をお伺いさせていただかれましたらと存じますが。

谷口――私は眼の治った人であり、また治した人であるわけであります。この、五官に於ける障害――目が見えないとか、耳が聞えないとか、臭が嗅げないとか、或いは皮膚の感覚の麻痺、食物の味覚の麻痺とかいう、すべての感覚器官の障害は、要するに自分に与えられたる恵みを有難く受取ら

英気溌剌 活発で生き生きとしたさま

ない人が、肉体に投じ出した姿であるのでありますから、先ず有難く受取る気持が起りさえすれば、そうした障害は自然と消え去ってしまうのであります。この目というものは、すべての美しいものを見る器官であります。美しいというのは何か、といいますと、そこに生命が顕われている事であります。生命が顕われているというのは神の光、神の恵み、神の愛が顕われているということであります。その神の光、神の恵み、神の愛を有難く受取らないで、半分位受取って、不平ばかりいっているような心を持っていると、それが目に現われれば目が見えなくなったり、色盲になったりするのであります。また目の先の現象だけを見て、現象の奥底を流れる神の愛、神の恵みが分らないと、その人は近視眼になるという具合になるわけなので、こういう私も以前には近眼であったのでありました。近視性乱視だと眼医者にいわれました。これは私が「生長の家」を創める前のことで、私自身ははじめ別に目が悪いとは思わなかったのですが、雑誌の宣伝にのって、いつの間にか目が悪いということになってしまったのです、というのは私は元来非常に胃腸が弱かった、それで「目から来る胃腸病」とかいう雑誌の宣伝広告を読んで、成程、目が原因で胃腸がいたむこともあるのだナということを知りまして、神戸の西村博士に診察を受けに行ったのでありました。この西村博士は「万病は眼病より来る」ということをいっている人でありまして、そこで私は近視性乱視という診断を受け、斜に書いた字や、蜘蛛の巣みたいなくしゃくしゃな図を覗かせられて眼の検査をして、それで眼鏡をかけることになったのでしたが、眼鏡をかけても私の胃腸は別によくも、悪くも、どうにもならなかったのでありました。けれどもかけつけてみると、かけないと変な具合になりまして、見るものがちらちらしたりなどするものですから、やはり眼鏡をかけてよかったのだナという気もしていました。それで大分長らくかけていました。「生長の家」を創めてからも二年間ばかりはかけていましたろうか。或日のこと、その頃私は阪神住吉に住んでおり

元来　はじめから。もとから

西村博士　西村美亀太郎。医学博士。あらゆる病は眼病からくるという説を唱えてどんな患者にも目に温湿布を施して治病の効果をあげた。本全集第二巻「実相篇」上巻一五九頁等参照

かけつける　かけ慣れる

阪神住吉　現在の神戸市東灘区にあった旧住吉村。「生長の家」草創期は著者の自宅が本部を兼ね、また来訪者のための真理研鑽の場としての道場ともなっていた

ました、家の近所を歩いていたのです。家のすぐ近くに眼鏡屋があった。そして往来を通りますと、往来からよく見えるところに視力測定図がかけてあるので、私は通る度にそれを見て歩いていました。それでその日も覗いてみると、いつもより何だかはっきり見えるんですね。「おや」と思って眼鏡をかけたりはずしたりして見ると、はずした方がはっきり見える、「自分の目はもう治ったのだな」と、その時解ったのでありました。けれども永いこと眼鏡をかけつけていた故か、はずすと顔の目付がこう少し変になるものですから、子供も「お父さん眼鏡かけた方がよく似合う」などという。「よく似合うならかけとけばいい」と思って、それから後もしばらくかけていたのでありました。その頃希望社の神戸の幹事をしておられた宇田川育子さんという方が或日私の宅へやって来られて、いろいろとお話ししておりましたら、この方は私の眼鏡をかけていることが余程病気らしく見えたのでしょう、「先生、近眼は治らないのでしょうか」といわれたのです。宇田川さん

往来　道路

希望社　大正七年に後藤静香が設立した社会運動団体。修養雑誌『希望』などを発行して社会に有益な人間となることを説いた

にそういわれる迄私は自分の眼鏡をかけていることを何とも思っていなかった――普通誰でもそうなんですよ、眼鏡をかけていることを病気だとも思わないし、又眼鏡をかけている人を見てもどうとも思わないのが普通です。それで私は宇田川さんに、「先生近眼は治らないのですか」といいかけられた時に、ああこの人は眼鏡をかけていることが病気に見えるんだなと思って、「成程」と自分でも思い、それなり眼鏡をとってしまったのです。で、今日に至る迄ずっととっているわけですが、勿論完全に見えています。

それなり　その状態のまま。それきり

一　眼鏡の魅惑

立仙――只今先生のお話の中に、「似合うから眼鏡をかけた」ということがございましたが、皆さんの中にも眼鏡の魅惑というようなことからじりじりと近眼になったと、そんな体験をお持ちになっていられる方がありました

頭注版㉘一二二頁

魅惑　不思議な力で人の心をひきつけて、惑わせること

ら、一つどうぞ。

高松――私は近視になりまして四年程経ってから乱視になり、その乱視が大変ひどいといわれておりました。近視は十八度と二十度ですから大したことはございませんけれど、乱視には随分困りまして、ついこの間まで眼鏡をかけて、それでも不自由を感じておりましたのです。先達てから「生長の家」へいれて頂きまして、『生命の實相』を拝見致しましたけれども、直ぐ治りませんでした。ところがこの間お山に寄せて頂いた時、川村芳子さんとおっしゃいますお嬢さんが、強度の近眼を「生長の家」の聖経『甘露の法雨』を読んだだけで、一夜にして治されたという驚くべきお話を伺いまして、とても感心いたしまして、ほんとに羨ましく思いましたけれど、いくら先生のお話を伺いましても私は少しもよくなりませんでした。家へ帰っていろいろと考えました。その時川村さんは『甘露の法雨』を読んで治ったといわれたことを思い出しまして、早速その夜、就寝前一所懸命に読んで寝

度　レンズの強さを表す単位として用いる語

お山　著者の東京移転後の自宅の愛称。ここで誌友会が開催された

聖経　生長の家の経典

『甘露の法雨』　昭和五年に著者が霊感によって一気に書き上げた五〇五行に及ぶ長詩。『甘露の法雨』の読誦により、今日に至るまで無数の奇蹟が現出している。本全集第三十五・三十六巻「経典篇」参照

ました。けれど治りません。翌日も読みましたがやはり治りません。これはきっと私の心に悪いことがあるのだと思って、いろいろ反省いたしてみましたが、何も悪いことなんかないように思われるのでございます。

その翌日はちょっと用事がありましてお山に伺えなかったものですから、家で一人で神想観をいたしておりました。その時ふと心に浮ぶ言葉がございましたのです。それは「潜在意識」ということでした。何故そんなことを思いましたかと申しますと、私御覧の通り顔が大きいもんでございますから、眼鏡をかけた方が顔がしまって、小さく見えていいというようなことを考えたことがありました。それで「生長の家」へいれて頂きまして、眼が治りたい気持は確かにあったのですけれど、やっぱり「自分にはかけていた方がいい」という気持が潜在意識となって、心の底に残っていたということを神想観中に気付いたのでございます。「ああやっぱり自分が悪かった。眼鏡をかけなければ形が悪いというのは現象世界のことで、実相の世界では、

神想観 著者が啓示によって得た坐禅に似た観法。本全集第十四、十五巻「観行篇 神想観実修本義」参照

潜在意識 人間の意識のうち、自覚を伴わないが心の奥底に潜んでいる意識。全意識の九十五パーセントを占め、人間の行動のほとんどはこの影響を受けているとされる。本全集第十一巻「精神分析篇」参照

私のこの顔は福の多い大変好い顔なのだ。それを眼鏡をかけた方が形がよくなる、なんて思ったのは間違いだった」と深く感じました。そして翌朝目を醒しますと、眼鏡をかけておりませんのに、驚くほどいろんなものがよく見えるようになっておりました。新聞も眼鏡なしでよく読めます。それっきり眼鏡をとってしまいました。

これ迄一等いけなかったことは、デパートなんかに参りますと、いろんな色彩がちらちらして頭痛がして参りますので、買物することもほとんど出来ませんでしたが、目がよくなって二日目に上野の松坂屋に半日行ってあちこち歩き廻って買物いたしましたけれど何ともございません。嬉しくてその夜はまた銀座へ出て赤や青のネオンサインを見て参りましたが、とても美しく、ちっとも疲れもいたしませんでした。それからも一つ、私は乱視になりましてから、活動写真なんて全然見られませんでした。家族が皆行っても、私ばかりは瞼がいたみますから一人残っておりました。それが先日義

上野の松坂屋　東京都台東区にある百貨店。明治四十年に百貨店として開業

ネオンサイン　neon sign　ネオン管に封入したガスの発光による広告や装飾、看板などを指す。近年はLED看板が広く用いられるようになった

活動写真　映画の旧称

兄が上京しました時にもう目は治ってるから大丈夫と思いまして、お伴して映画に参りまして、二時間半も真暗な中で写真を見て出て来ましたのに頭痛などちっとも致しませんし、写真ははっきり見えますし、却ってさっぱりとした愉快な気持で帰って参りました。一番難物だった活動写真にもパスいたしまして、もう完全に乱視は治りました。大変嬉しゅうございます。ほんとに眼鏡をかけていた方が顔がしまって好いなどという潜在意識が私を乱視にしていたのでございました。

栗原――私の考察いたしました範囲で、眼鏡をかけたいという心理をちょっと申し上げてみます。大分前のことですが当時はまだ府下でありました今の中野の辺の小学校に勤めていた事がありました。それで折々田舎の青年と顔を合せておりましたが、これは私の仲間だけのことかも知れませんが、私の知る範囲の青年は眼鏡に対して確かに一種の魅惑を持っておるようでありました。私の考察するところによりますと「眼鏡は学問した人のか

写真　映画を指す

難物　扱いの難しい人や物

府下　明治二十二年～昭和十八年まであった旧東京府のうち、旧東京市以外の区域

けるもの」と田舎の人は思っているようで、「眼鏡をかけていることが、インテリの仲間に入ることだ」というような気持を持っているらしく受取れたのでありました。それで青年達は度のある眼鏡はかけられませんから、素通しの眼鏡をかけて、当時百姓は車を牛にひかせることがまだ流行していましたから、車に汚穢物などを積んで、牛の手綱をとって得意になって歩いたものでありました。そういう青年に限って、思わしくない遊び場に出入するのでありました。

　要するに好んで「眼鏡をかける」ということは、一つには顔がしまり、きちっとすることと、もう一つには、インテリ層への憧れ、というような見方もあると思います。特に田舎の人達は、学問に対して一つの間違った見方をしている、――つまり学問した人は楽をして生活出来るという、自分達の勤労を厭う心の現れが、若い人達が素通しの眼鏡をかけるという、誠におかしなことになってしまったとも考えられるのでありまして、その結果はどうな

インテリ　ロシア語のインテリゲンチャの略。学問や教養のある人。知識人

素通し　眼鏡に度がないこと

汚穢物　けがれたもの。糞尿

りましたか、それが因となって近視、乱視が殖えたか、或いは何ともなかったか、何分もう大分前の話でありますから、はっきりとは申しあげることが出来ませんが、ただこんな傾向があったということだけはいわせて頂きました。

西村――栗原さんのおっしゃいましたような眼鏡の魅惑と申しますのが、本当にあるものでございますね。私の女学校の時代――明治十七、八年の頃でございましたが――当時私は神田におりましたが――人様の眼鏡をかけていらっしゃいますのを見て、自分もかけたくてかけたくて仕方ございませんでした。けれど別に目が悪くもございませんのにかけたりしたら家で叱られますから、眼鏡を袂に入れておいて、外へ出るとかけ、家へ帰るとしまい、しておりました。それが因でございますか、段々と目が悪くなって来まして、しまいには、乱視二度という有様になってしまったのでございます。物を見るのに眼鏡の上から虫眼鏡をあてなければ本など読めませんでござい

袂　和服の袖の下の袋のようになった部分

ました。それが今年の四月に「生長の家」に入れて頂きまして、五月末にはもう虫眼鏡がとれました。それで段々とはっきり見えて来るものでございますから、この分なら眼鏡はもういらないと思いまして、それからは思いきって眼鏡を外して『甘露の法雨』の字のあらい折本を読んでみたり致しました。それで近頃ではわざと『生命の實相』に収録されている細かい活字の『甘露の法雨』を読むようにいたしておりますが、ちっとも、目の痛みも感ぜずに終り迄読めるようになりました。勿論眼鏡を外して読んでいるのでございます。はじめ好んで眼鏡をかけたのが私の乱視の因なのでございましょうね。

二　眼鏡の魅惑益々深し

頭注版㉘一二七頁

古川――私も眼鏡に魅力を感じましてね、それで近視になったんでござい

折本　横に長くつなぎ合わせた紙を同じ幅に折りたたみ、表紙を付けて製本した本。『甘露の法雨』の折本は、昭和十年に京都支部の小木虎次郎博士が『生命の實相』「聖詩篇」等に収録されていたこの詩を「聖経」として出版したのが始まり

ます。私は小さい時から自分の顔程美しくない顔はないと思っておりました。それで他のすべての人の顔は美しく思えるんですね。「あの人綺麗ね」って友達に話しますと、友達は「あんな人ちっともシャンではないわ」っていう。けれど私にはシャンに思えるのです。私の女学生の時、大好きな先生がありました。大変器量の好い方で眼鏡をかけておられたのです。それで私、その先生の眼鏡に憧れましてね、「眼鏡をかければあんなに綺麗に見える、かけたい」と思っておりました。

その中に結婚いたしまして家庭に入りましてから、本が好きなものですから、本ばかり読んでおりました。その中にいつとはなしに目が重くなって来て——近眼になったんですね——まあやっと眼鏡をかけられるようになったわけです。けれどいざかけるとなると鬱陶しゅうございましてね。またかけてみますと、どうも顔に合いません。余計おかしな顔になるものですから、不自由でもかけずにおりました。それで活動だの芝居だのに行く時だけもっ

シャン schön ドイツ語。顔立ちの美しいこと。美人。明治時代の旧制高等学校の学生が使い始め、昭和初期には流行語となった

活動 活動写真の略。映画の旧称

て行くということにしていたのでございます。けれど事実二間位先のところが見えないのですから、それを無理に見ようとして、眉根に皺をよせる、それがいつの間にか癖になってしまいましてね。人には不愉快な感じを与えるし、どうにかしてこの癖を直したいと思いましたが、それでも眼鏡をかけるのが億劫でかけずにおりました。

するとの昨年辺りから度が進んで来ました。こんなことはないと、私「生長の家」へ来る前でしたけれど、つとめて一間先、二間先を見よう見ようと焦りました。その故か少し見えるようになって来ていましたが、「生長の家」へ来て、『生命の實相』を読んで二、三日した或日の事、活動写真を見に行ったところが満員でして、後の方から覗くようにして見たのですが、大変よく見えるようになっておりました。もうこの頃では眉をひそめないでも、何でも大変美しく見えますし、有難いことと思っております。

立仙――谷口先生、唯今、皆さんから眼鏡をかけたいというのは、かけた方

二間　約三・六メートル。「間」は尺貫法の長さの単位で一間は約一・八メートル

眉根　眉の根元。眉毛の内側

億劫　気が進まないさま。めんどうくさい

がよく似合うからだというような話が大分出ましたがそれについて一つ御感想をお願い申上げたいと存じます。

谷口――いや、私も眼鏡をかけていた時には、自分でもよく似合うと思っていました。ところが神戸の希望社の幹事の方が来られて私の顔を見て、「先生、近眼は治らないのですか」といわれた。その時、「ハア、この人にはこうして眼鏡をかけていることが病人に見えるんだナ」と気がつきました。それで眼鏡をとってしまいました。今まで、眼鏡をかけている人を見ると、インテリのように思えたり、賢そうに思えたりして、「あの人は目の病気なんだな」というふうには少しも思わなかった。ところが私はそれ以後眼鏡をかけている人を見ると、「あアあの人は眼病だな」という気がして、ちっとも好い容貌だという気がしなくなってしまいました。要するにこれは著眼点の相異で、見る人の心によって、よくも悪くも見えるわけですね。実相の目が開ければ、眼鏡をかけていることなんか、ちっとも美しくなくな

著眼点　目のつけどころ。着眼点

って来るのです。

三　近視は遺伝なりという見方

頭注版㉘一三〇頁

立仙――先生、よく近視は遺伝だということをいわれております。現に川村よし子さんもそう考えていられたということでございますが、これはどういうふうに解決されるのでございましょうか。

谷口――この遺伝ということを、医者は物質的遺伝と考えているらしいのですけれども、それはやはり念の遺伝なのです。仏教では業念の集積ということをいいます、業が積まれて存続して行く――それを医者からいえば体質ということになるのです。「生長の家」では肉体は心の影ということをいっています。心というのは念です。つまり親と子は念の質が同じなのですね。それで念がずっと続いて来ているのですから、親が近視を起したような念を

業念　身・口・意による善悪の行いで、今生及び来世における報いのもととなる善悪の行いや想念

集積　集まって積もること

持っていると、その子もその念を受けついで持つことになるから自ら近眼になるということになるので、それが即ちこの遺伝なのです。

立仙――有難うございました。では次に、眼鏡をかけるようになってからの悩みというようなことでお話し願えませんでしょうか。或は目が悪かったために学校に這入れなかったとか、就職出来なかったとか、また縁談がうまく纏まらなかったとかいうようなお話がございましたら一つどうぞ――。

四　色盲たちまち癒ゆ

柳澤――僕は色盲でした。僕は谷口先生に「色盲は、あれは嫌い、これは気に入らんと撥ねつける心の現われだ」ということを教えて頂いて、とても心をうたれました。僕は子供の時から非常に我儘で少しも母のいうことをきかなかったものですから、いつも母と喧嘩ばかりしていました。それで皆ん

頭注版㉘一三一頁

なから「お代官様」って呼ばれていました。まるで強情の凝り固まりみたいな人間だったんです。家では母が「生長の家」に入る前から叔母が入っていて、始終僕や母に「生長の家」の話をきかせてくれていました。けれど「肉体が無い」なんて大体馬鹿にしてると思って叔母のいうことをちっとも聞かないですっぽかしていました。そしてそのまま月が経って今度は母がとても「生長の家」に熱心になって来ました。それで僕に熱心にすすめるのです。僕もそれなら行ってみようかナという気になって、実は最初ひやかし半分にお山へ来たのでした。そしたら先生が僕のことを聞いてこういわれたのです、「要するに目は心の窓であって、あれは気に入る、あれは気にいらんという片よった心の現われで色盲になっているんです。目上の人のいうことをよくきいて、選り好みをしないで、満遍なく受け入れる心になりなさい」といわれたんです。それを伺って僕は、「ああそうか」ととても心をうたれて帰りました。それは四月の二十六日だったと思います。その翌日のこ

お代官様　代官は、江戸時代に大名が地方を治めさせた役人。わがままにふるまう人の例え

選り好み　好きなものばかりを選びとること。えりごのみ

とです。ちょっとしたことから僕は叔母と妹と三人で大喧嘩をしてしまいました。その時母は二階にいました。僕達は下で喧嘩していました。そしたら、僕達の呶鳴り声をききつけた母は、二階から降りて来て何ともいわずに僕達三人の険悪な空気の真只中に坐りこんで、やがての程に大声で『甘露の法雨』を読み出したのです。僕は黙ってそれを聞いている中に、どうしても仏壇に向って手を合わさなければならない気持になって来ました。それで仏壇の前にいって合掌しました。そしたら涙が出て涙が出て、どうにも止らないんです。「昨日先生にあんなにいって頂いたばかりじゃなかったか、それに又頑固な心を起して喧嘩してしまったか」と思うと、本当にすまない気がして来るのでした。僕は合掌したまま悪かったと謝りました。それから二階の自分の書斎に上って行って、窓を開けて外を見ると庭に咲いてる夾竹桃の赤い花がとても美しく見えるんです。おやっと思って自分の机に帰って、色盲の検査本を開けて見ました。そしたら一等むつかしいところが出て

やがての程　そのうち

夾竹桃　夏から秋にかけて、若枝の先端に芳香のある紅色の花を咲かせる常緑低木

来たのです。だけどちゃんと見えるんですね。緑色に赤色のアの字がちゃんと浮き出して見えるんですね。それから夢中になって色盲検査の本を一枚一枚めくって見ました。どれも完全に見えます。それっきり僕の色盲は治ってしまいました。その時の有難い気持、どの位嬉しかったか分りません。

立仙――大変いいお話でございました。色盲は医学上からは到底治らないものとされているのに、実にすばらしい御体験ですね。世間には色盲で悩んでいる方が大勢おありでしょうに、その方達にこのお話を知らしてあげることが出来たらと本当に思いますねえ。

柳澤夫人――宅の子供は、色盲の治ったことをどうしても受験の学校で信じて頂けなかったんですよ。一昨年、海軍兵学校を受験致しました時は、色盲がまだ治っておりませんでして、落されました。それで今年の受験は、治して頂いた後でございますから、勇んで行ったんでございますけれど、試験官の方が覚えていらっしゃいましてね、「君、色盲の試験本を暗記して来た

海軍兵学校　明治九年設置。大日本帝国海軍の兵科将校を養成した。明治二十一年より広島県江田島にあった。昭和二十年廃止

んだろう、色盲が治るなんてことがあるもんじゃない。今パスしてあとで厳選の時落されると失望するだろうから、今年はやめて、来年もう一度来い」って仰有ったそうでございます。色盲が治ったなんて、とても信じられないことらしゅうございますわね。で、結局今年は落されてしまいましたのでございますよ。

立仙――それは飛んだことでございましたね。しかし来年はきっと立派にパスなさるでしょう。

谷口――今近眼でとらない学校がありますか。

柳澤――海軍兵学校、陸軍士官学校、商船学校なんかはとりません。

五　眼鏡と就職難

立仙――眼鏡をかけていられたために縁談に影響したというようなお話が

厳選　厳しい基準で選び出すこと

陸軍士官学校　明治七年に東京市市ヶ谷に設置。大日本帝国陸軍の現役兵科将校を養成した。昭和二十年廃止

商船学校　商船の乗組員を養成するため、航海や機関についての専門的な技術や知識の教育を施した旧制の学校

頭注版㉘一三四頁

おありの方はございませんでしょうか。

野崎——嫁が眼鏡をかけていたために、姑が嫁いびりをしたというような事を聞いたことはございますけど……。

吉田——お嫁さんのことは存じませんけど女中さんの眼鏡をかけるのは、どこでも嫌われるそうでございますね。

立仙——女中さん……。成程ね。

吉田——何かよそのお家へ参りましても女中さんが眼鏡をかけて出て来ると、何だかつんとした感じを与えますしね。それに奥さんよりえらく見えていけませんわ。（笑声）

谷口——眼鏡をかけた人は、女中さんの就職難か……。

立仙——本当に眼鏡をかけた人の就職難ということもありましょうねえ。

新間——私の義理の妹ですが女学校を卒業しまして働きたいというので、知り合いの方がいる関係上、三越に頼んでみましたところが、「眼鏡をかけ

姑　夫または妻の母親

女中さん　お手伝いさんの旧称

三越　現在の三越伊勢丹百貨店。江戸三大呉服店の一つ「越後屋」を前身とする

ている人は絶対にとらん」ということでした。妹は眼鏡をかけています。しかし、知ってる人ですから何とかして採用してもらうことも出来ようかと思いましたが、全然眼鏡だけはとらないそうで、問題になりませんでした。

六　近視、遠視はどうして起るか

上竹原──精神分析でいうと近視の原因は心がチカメ、つまり、遠くが見えないということであります。これを歴史的に眺めてみますと、明治以後日本の精神文化は、西洋の個人主義思想を多分にとりいれて参りました。それがいつしか日本人全体に一つの自己中心的な考えを醸し出して来たのでありますます。これを以て近視の一つの原因とする事が出来ると思います。

その次には、生活の環境によって近視眼となるということであります。

例えば純情素朴な人の多い田舎では眼鏡をかけている人が少いが、文化の

頭注版㉘一三五頁

精神分析　ジークムント・フロイトが始めた人間の深層心理を扱う学問。本全集第十一巻「精神分析篇」参照

程度の進んだ都会に眼鏡をかけた人が割合に多いというのは、生活環境が自然に目に影響しているのではないかと考えられます。

また、母親が眼鏡をかけていると、その子も大抵眼鏡をかけるというのが普通になっていますので、近眼遺伝説はかなり一般的にも肯定されているようであります。それを「生長の家」の心の法則によって考えてみますと、親の心のかげの具象化ということであって、母親なり、父親なりの心的状態が子に映って、それで子が近視になっているというようなことが考えられるのであります。第四には、先刻大分面白いお話が出ましたが、外貌を飾るということ、眼鏡をかけると学者らしいとか、芸術家らしいとか、或は重役らしい、校長らしい、金持らしい、というようにこのらしい、いということに非常な魅惑を感じて、外部的な虚栄に囚われ、自分をより以上に見てもらいたいという心的状態が具象化して、近視、遠視となり、遂には眼鏡をかけなければならなくなる、——というようなこともあり得ると思うので

具象化　形になってあらわれること

外貌　顔かたち。みかけ

虚栄　外面だけをよく見せかけようとすること

あります。小学校などよく見ていますと、面白い傾向が目につきます。一学級の或る子供が眼鏡をかけ出すと、その級に眼鏡が流行り出すのです。それで大抵各級とも五十人の中少くとも十人位はどうしても眼鏡党が殖えて来る。それはやっぱり眼鏡の魅惑ということに幾分かは原因があると思います。それが中学校以後になって来ると、職業的のらしいでかけたがるということになって来るのでありましょう。

またここに念の具象化で眼鏡をかけなければならない反対の現象を見ることが出来ます。例えば軍人に眼鏡をかけている人はほとんどありません。それは、軍人の学校に入学するのに目の検査が非常に厳しいということも原因しているでありましょうが、その外に、眼鏡をかけたら自分達の仕事に支障を来すから困るという、反対の心理状態が眼鏡をかけないようにするのではないかと思います。軍人でなくても鉄道の従業員であるとか、電車、自動車の運転手であるとか、ああいう目の大事な仕事をしている人に眼鏡が少いのも、自分達は目を悪くしてはいかぬという心が絶えず働いているために、眼鏡をかけなくてすむようになっているのだというふうにも考えられるのであります。

七　眼鏡をかけたい学生の気持

頭注版㉘一三七頁

中島――僕は小学校にいる時商業学校にいる兄さんが近眼で眼鏡をかけていたものだから、僕も近眼になって眼鏡をかけたいと、いつも思ってました。そしたら五年生の頃目が変になって来たので見てもらったら、遠視だっていうんです。近視ならいいんだけど、遠視の眼鏡なんかかけるのいやだったからかけませんでした。そしたら中学の三年に又目が変になって来ました。医者は遠視と乱視だっていいました。それで僕はとうとう眼鏡をかけるようになりました。

商業学校　旧制の実業学校の一つ。明治三十二年に制定された実業学校令による、商業教育を専門に施した中等教育の学校立仙——中学生の時分、近眼になりたいということを多くの学生は考えているんでございましょうか。

中島夫人——考えておりますんですね。近眼になりたいというよりか、眼鏡をかけたいんですね。

大西——そうなんです。宅の子なんかも眼鏡をかけたがりましてね。でも素通しの度無しじゃ親が許しません。それで、目が変だ変だといって医者に診てもらいに参りました。そしたら三十五度だっていうじゃございませんか。そんな度の低い近視だのによろこんで眼鏡をかけましたよ。

立仙——そうですかね、近視になりたいのではないけれども、眼鏡をかけたいという潜在意識がいつしか、近視をつくり、遠視、乱視をつくって行くとも申されましょうね。

瀧内——私の娘に音楽学校へ通っておるのがございます。この子は女学校の三年頃から近視で眼鏡をかけさせていました。ところが音楽学校へ入ってからどうでも金縁の眼鏡を買ってほしいといい出したのです。クラスメートは皆な金縁をかけてる、ところが娘はクローム縁のをかけていましたから、クロームでは肩身がせまいらしいんですね。しかし私は許さんといったんです。「学生の間に金縁眼鏡なんて贅沢だ。俺は学生の間はクローム眼鏡をかけさせるという主義なんじゃから」と断乎として許しませんでした。娘は私は一遍いい出したらもう後へひかんという頑固親爺であることを知っとりますから……観念したんでしょう。もう買って欲しいとは申しませんでしたが、余程クローム縁がいやだったんでしょう。間もなく眼鏡を外してしまいました。最初は幾分不便だったようですが黙って放っときましたら、その中に近視がすっかり治ってしまいました。これは私が「生長の家」へ入った前のことでありますが、そういうふうに環境から治ることがあるのですから、まして真理を知って自分の心に完全円満なる神の子たることの自覚が出来れば治らないはずは絶対に無いと思うのです。

クローム chrome　銀白色の金属元素の一つ。様々な金属製品にめっきを施して光沢や腐食防止効果などをもたらす

八　老眼もたちまち癒ゆ

小林——私は遠視でございました。老眼鏡をかけなければ見えませんのでございます。もう五、六年も前になりますが、あまり目が変だものでございますから、慶応病院へいって診てもらったのでございます。その時医者は、「もうそろそろお年のせいで、老眼におなりになったんでしょう。老眼というのはこう眼球が追々にすり減って行くのです」と申されたのでございます。私それを聞きましてから、急に自分で、自身の衰えて行くのを感じるようになって参りました。目が段々に悪くなって参りまして、とうとう新聞などちらちらして見えないようになってしまったのでございます。その中「生長の家」を知りまして『生命の實相』を読ませて頂き、軍人会館で先生の御講演——近眼や乱視の治ったお話でございました——伺わせて頂きまし

頭注版㉘一三九頁

慶応病院　明治六年に設立された慶應義塾医学所に始まり、大正七年に開設された慶應義塾大学医学部の附属病院

軍人会館　昭和九年に在郷軍人会の主導により東京の九段に竣工した施設。昭和三十二年に九段会館に改称

たが、最初は近視や乱視は治っても、老眼は体の衰えだから治らないのだ、どうにもならないのだと思いこんでおりました。ところがその後「生長の家の歌」を拝見して、強く思いあたるところがございまして、もう今後、断じて自分の視力が衰えて行くと思うことをやめようと決心しました。自分の心の持ちようを改めれば、きっと丈夫にして頂ける、この老眼も治して頂けると思いまして、大変強い心になって来たのでございます。そういたしましたら、いつとはなしに見えるようになって来たのでございます。いつも新聞を読みます前には老眼鏡を用意いたしまして、それをかけてやっと読めるという有様でございましたものが、先達て眼鏡をかけることを忘れて、ちゃんと新聞を読んでいるのでございますよ。字がはっきりと、少しも不自由なく読めるのでございます。大変嬉しかったのでございますが、まだ要らぬ取越苦労を致しましてね、目をいたわらなければならないと思いまして、又四、五日前から眼鏡をかけ出したのでございます。そういたしましたら、落

「生長の家の歌」 著者が霊感によって書き記した多くの詩。本全集第三十三巻『生命の實相』「聖詩篇」に収録されている。なお、『甘露の法雨』が『生長の家』誌に最初に発表された時の題名が「生長の家の歌」であった

ちるはずのない眼鏡が、どうしたことか外れて下に落ちました。その拍子に鋲がぬけまして、その眼鏡はもうかけられなくなってしまいましたのです。その時、ああ折角治して頂いたのに、いらぬ思い煩いをした、その為の気付けだったなと悟らして頂きました。それから一切眼鏡を用いず、立派に用を足しているのでございます。

立仙――須藤さん、あなたも眼がお治りになりましたのですか。

須藤――はい、随分ひどい老眼が治りました。

谷口――何度でした？

須藤――何度でしたかよく知らないんですが、年の割に随分ひどいので医者がびっくりしていました。それが先月の半頃先生の講演会で目の治るお話を聞いて、いきなり次の日から眼鏡をとっちまいました。すぐには充分見えませんでしたが、この頃では新聞でも平気で読めますです。

中島――僕も遠視で、「生長の家」へ来る迄ずっと眼鏡をかけていました。

はじめお母さんが「生長の家」へ入って、それから毎晩僕に『甘露の法雨』を読んでくれました。そしたら少したって眼鏡かけてるのがとてもうるさくなって来たんで、とっちゃったんです。やっぱりはじめ完全には見えませんでした。けど段々見えるようになって、今はすっかり治っちゃいました。

立仙――中島さんの眼はどの位だったんです？

中島――右も左も十八度でした。

九　遠視組がもう一人

瀧内――遠視組がもう一人おります。私でございます。以前はここに坐っとりましたら、あちらの(向い側をさす)方の胸につけていらっしゃる徽章なんか到底見えませんでした。道を歩いておりましてもね、見えませんから知

頭注版㉘一四一頁

徽章(きしょう)　身分や所属を示すバッジ

ってる人とすれちがっても知らん顔していました。私の老眼は若い時分からで、私の父がやはり若い時から眼鏡をかけとりましたから、遺伝で仕方ないだろうと思っとりました。しかし年々ひどくなって来まして、いよいよ十度の球とかえんければならんという時「生長の家」を知りました。私は御覧の通り頑健でありますから、病気治しが目的で「生長の家」へ来たのではありませんが、全集本を頂きまして一巻を半分程読んだ時に非常にひきつけられました、それから二巻を読みました。たくさん病気の治ったことが書いてありましたが、私は無病だもので実験することが出来ない。何だか淋しいような、病気が欲しいような気がいたしました。（笑声）

けれど今更病気になることも出来ません。その時ふと考えてみると自分はひどい遠視です。老眼というのも迷いだ、とこう気がついたのです。「迷いなら消えるはずだ、そうだ、自分はこの老眼を消してしまおう」と思いまして、心に念じつつ全集をぱっと開きました。すると不思議なことに偶然私の開

頑健　身体が丈夫で非常に健康なこと

全集本　昭和十年に光明思想普及会より発行された黒布表紙版『生命の實相』全集。当初は全十巻、その後も増補発行された全二十巻となった

一巻　「総説篇」「実相篇」。本全集では第一～四巻

二巻　「光明篇」「生命篇」。本全集では第一巻・第五～七巻

けたところにちょうど神戸の宮さんの老眼の治られた話が書いてあったのです。「神様は私にこんなに迄お恵みを与えて下さるのだ」と実に有難い気がいたしました。けれどもその時別に眼鏡を外してしまおうとは考えませんでした。ところがその日の夕方でした。仏壇の前で『甘露の法雨』を誦んでいて途中で気がついてみたら、眼鏡をかけるのを忘れて誦んでいるんですね。これ迄は到底眼鏡なしで誦めやしませんでした。それが知らない間に眼鏡をとって、何のさわりもなくはっきりと誦めるようになっているのです。嬉しさのあまり涙でくもることはありましたが……。

『生命の實相』の小さい活字はそれでも無理なようなので眼鏡をかけて読んでいましたが、念じつつ読んでいる中に、十度の老眼の眼鏡がとれて参りました。けれどなお細かい字を見たり、書いたりする時は困りますので、平素は外して携帯して歩いとりました。それでいつぞや私がお山でそのことを先生にお話いたしますと、先生の仰しゃられますのに「あなたは持って歩いて

神戸の宮さん　宮信子。「生長の家」草創期の熱心な信徒。老眼の治った話は本全集第二十巻「万教帰一篇」中巻第四章参照

るからいけない、おそらくそんなに細かい字を書かなければならないような場合は起らないでしょう」とこういうことなんですね。成程と思いましてそれきり携帯して歩くこともやめてしまいました。それからも一つ、芝居や講演会に行くとき、オペラグラスを離すことが出来ませんでしたのに、先日軍人会館へ先生の御講演を伺いに出ました時には、会館の二階に坐って、グラスなしに先生のお顔がはっきり見えましてございました。

十　三年たてばつぶれるとの診断

鶴野――私も五、六年前から、眼が悪く非常に視力が減退して来ました。それで或る専門の医学博士に診察してもらいますと、医者はいろいろと検べて「これは大変だ、えらい悪い。おそらく三年とたたない中にあなたの眼はつぶれるだろう」とこう申しました。「他の医者に行ったたって、どうせ手の下

オペラグラス opera glasses 観劇用の小さな双眼鏡

頭注版㉘一四三頁

しようがないんだから、いい加減いじられるより放っといた方がいいだろう、それで三年経って失明したら手術をすればよい、それより他は手だてもないだろう」という話したんです。「三年たってつぶれるか、つぶれないか、それは出たとこ勝負だ。それ迄どうともしなくてもいい」といって私には一枚の処方箋を渡してくれまして、「近くに内科医があったら、これを処方してもらって服用するようにすれば、ことによるとつぶれないで済むかも知れないから」と申しました。それから医者のいった通りの薬を作ってもらいまして、一週間ばかり飲んでおりました。その中に考えるのに、「こうしていてもし眼がつぶれたら――医者は薬をのんでもつぶれないとはいいきれないというんですから――その頃は勤めもしていましたし大変困る。しかし医者は手の下しようもないという。医療に頼りきれないとなると、迷信のようだが、神仏にお願いして治して頂くより他はない」とこう考え出したのです。それから二年ばかり鎌倉の或る神社に日参を続けました。眼はつぶれま

処方箋　医師が患者に投与する薬について記載して薬剤師に渡す文書

処方　患者の症状に応じて医師が薬剤の配合を指示すること

日参　神社や仏閣などに毎日お参りすること。また、毎日同じ場所に出向くこと

せんでしたが、大変に強度の眼鏡をかけて不便を感じつつ用をたしておりました。
それで今年の五月からお山へ伺うようになり、先生はじめ皆様のお話を伺い『生命の實相』や『甘露の法雨』を読んでいます中に、今迄眼鏡をかけてもはっきりしなかった字が段々とはっきりして参りました。それで眼鏡をとってみますと、どうやら読めるんですね。翌日お山へ参りましてそのことを先生にお話致しますと、先生が「大丈夫、眼鏡をお取りなさい。他の本は眼鏡が要っても、聖典を読む時には断じて眼鏡は要りません」と仰有いましたので、それ以後少くとも聖典を読む時には眼鏡をかけないことにしていました。ところが聖典以外の本でも追々にはっきりと眼鏡なしで読めるようになって来たんです。今では、御覧の通り眼鏡は全然つかっていません。
立仙――それで眼もつぶれないですんだわけですね。
鶴野――いやつぶれないどころか、悪くなる前よりずっとずっとよい眼にな

聖典 宗教の教義の根本となる書物。ここでは主に『生命の實相』を指す

ってしまったんで実に喜んでいるわけなんです。

十一　本当に根治する

野崎――私も最近眼鏡をとったのですけれど、神様は必要に応じて見せて下さるのだということを信じていますので、少しも不自由は感じません。私、とった当時より余程見えるようになって参りました。けれどまだ時々見えなくなることがあるのです。昨日も講演会に参りましたが、演題が見えたり見えなかったりするのです。やっぱり心の作用なんでしょうか。自分が一所懸命集中した時はよく見えるようです。それがいつか「生長の家」へ来て眼鏡をとられた方に、一度どんな御様子か伺ってみたいと思っていました。

谷口――見えるんですよ。本当に治ってしまったら、いつだって変りなくよ

頭注版㉘一四五頁

根治　完全に病気が治ること

く見えます。心が見えるようになればいつも見えるのです。

鈴木――よし子（川村）もいっておりますのよ。見えたり見えなかったりするって一体どうしてかしら。私、一度治ってしまったらいつでも見えるのに、と申しておりました。

小林――先程申し上げるのを忘れましたが、只今眼鏡をかけますとね、とてもクシャクシャ致しまして、却って見えなくなってしまいますんです。

十二　開眼のよろこび

頭注版㉘一四六頁

開眼　よく見えなかった目が見えるようになること

大西――私も眼が悪うございました。でもね、とりましてよく見えますんでござんすよ。私は気短なものでござんすからね。長いこと面倒でずっとかけずにおりました。けれどあんまり見えないものですから、上野の松坂屋へ行って検眼してもらいましたら、「奥さんこんなひどい眼をして、よく

検眼　視力を検査すること

眼鏡なしで我慢していられましたね」ってことなんでござんす。それから一週間位かかっていろいろ検べて眼鏡をかけました。うるそうござんしてね。それでも子供達が「お母さん眼鏡かけていらっしゃる方がずっと好い」なんて申しますもんですから、嬉しがってかけとりました。そして先生のところへお伺いさせて頂くようになりまして或日、先生が「近眼はチカメだ」ということをお話しになりました。それを伺って「これはいけない」と思いました。それに一つは私の負けず嫌いも手伝ったんでございましょうね。見えないわけはないと思いまして、それきり眼鏡をはずしてしまいました。そしてお山へ通っとりました。やっぱり最初は見えませんでした。けれどそれから四日目お山へ参りましてね。神想観をしましてふと目をあげてガラス戸越しにお庭を眺めますと、これ迄ボーとしか見えなかった松がとても綺麗に見えました。なお見ていますと、あの松の葉の二つにわれておりますね、その葉の先までこの辺に坐ったままでよっく見えて来たのでござんす。今では眼鏡なしの方がずっとよく見えるようになってしまったのでございますよ。

十三　全眼疾も束の間に

中橋――私は近眼でも遠眼でもないのでございますけれど……。私は小さい時分紀州の山奥に住んでおりました。そして近所の子供からひどいトラホームをうつされてしまったのでございます。母がそれを気にいたしまして何とかして治してやりたいと思ったんでございましょう。近くに医者はございませんから海を渡って隣村まで連れて行ってくれました。そこで三月程医者に通ったのでございます。医者は私の瞼をひっくり返しまして、一つ一つ手術をしてくれました。それでトラホームは治りましたけれども、医者はもうあなたの眼球は弱っているからこれからも決して無理をしないように

頭注版㉘一四七頁

眼疾　目の病気。眼病

紀州　和歌山県の旧称

トラホーム　結膜の慢性伝染性疾患。まつ毛が黒目を刺すようになったり、視力低下や失明に至ったりする。トラコーマとも言う

ということを注意してくれました。それも母の念の具象化でございましょうか。それ以後私の心からは自分の視力は既に弱っているのだという念が去ったことがございませんでした。

田舎でございますから女学校に行くのも不便でございまして、私は家を離れて師範学校に入学致しました。けれど入学試験の体格検査にも眼の点が非常に悪くその時私は濾泡性結膜炎という診断を受けたのでございます。学校へ入りましても物を見ておりますと、よく疲れますし眼ヤニがたくさん出まして、大変困っておりました。それで何とかしなければと存じまして眼病の本を漁り出しました。で、結局常に清潔にしていなければならないということになりまして、いつもいつも硼酸で眼を洗い、本など昼は読んでも夜は絶対に読まぬというようにしていたのでございます。結婚いたしましてからも、主人が私に語学の勉強をしなければいけないと申しましたけれど、辞書のような細かい字を見たりしたら、それこそ眼が滅茶滅茶になって

師範学校　小学校・国民学校の教員を養成した旧制の学校

濾泡性結膜炎　結膜にある小さなぶつぶつが炎症を起こしている結膜炎

硼酸　ホウ素を含む無機酸。かつては精製して消毒、洗浄、軟膏剤などに用いられたが現在ではほとんど使われない

しまうと思いまして少しもいたしませんでした。

後に東京に出て参りまして帝大で検査して頂きましたら、「あなたはホーサンで洗いすぎたため眼球に傷をつけてしまった」といわれました。そのためか新聞を見てもチラチラして読めませんし、人中へも眼がまうようで出られなくなってしまったものでございますから、主人の仕事の関係上、社交的な集りにどうしても出なければならない時は、帝大で処方して頂きました薬をさして、やっと人中へ出ていたような始末でございました。

ところが四月に急性盲腸炎とラッパ管炎を併発いたしまして物凄く苦しみました。その時先生の『生命の奔流』(『生命の實相』第二巻に当る)を読ましていただいて、翻然悟らせて頂いたのでございます。それを読まして頂いた時、私は子供と一緒に寝ておりましたから、夜分など明るい電燈をつけることは出来ませんので、親子電燈の二燭のを灯しまして床の中で読んでおりました。これまでは夜分、しかも二燭などという薄暗い明りの下で

帝大　ここでは、旧制の東京帝国大学の附属病院
眼がまう　眼が眩(ま)う。めまいがすること
急性盲腸炎　急性虫垂炎。激しい腹痛を呈する
ラッパ管炎　女性の卵管に起こる炎症
併発　同時に起こること
『生命の奔流』　昭和十年、生命の藝術社刊。黒布表紙版『生命の實相』第二巻がこのタイトルでも発売された。本全集第一巻「光明篇」、第五～七巻「生命篇」にあたる
翻然　ひるがえるさま。急に心や考えを改めるさま
二燭　約二カンデラ。「燭」は光度の旧単位で「燭光」とも言う。一燭光は一・〇〇六七カンデラ

本を読むなんてことを致したこともございません。そんなことをいたしましたら、それこそ眼が痛んで大変なことでございますから……。それなのに後で考えてみますと、どうもなかったのでございます。一晩中読み続けましてもヤニ一つ出ませんでした。けれど私始め皆眼の治っていたことは気がつきませんで、唯私の病気の治ってしまったことに驚いて大変感激いたしておりました。

それから『生命の實相』全集も買って読ませて頂きまして、お山にも伺うようになり、益々元気になって参りました。医者も私を見て、「全くこんなに速く治ったのは奇蹟です」って申されるんでございますよ。その頃、はっと気づいてみますと、幼い時からの眼病が、綺麗に治っておりました。お山には七月二十日頃からずっと通わせて頂いておりましたが、どうしてか神想観中に涙が出て参りましてね、それがひどいんでございますの。着物のひざがぬれます位、お恥かしい程出るんでございます。それでいつもハンカチを二枚しいて神想観をいたしておりました。今はそんなことございません。先日先生が御旅行の折、私もお山を休ませて頂きまして、子供達と鎌倉へ行って参りました。そしてあの強い光線の中でたくさん本を読みましたけれど、いくら読んでも何ともございません。ヤニが出ることも全然なくなりました。そうしましたらおかしいんでございますよ。親戚で帝大の眼科につとめておりますものが遊びに参りましたので眼を診てもらいました。そしたらすっかり治っているんでございましょう? 「これは僕が処方して上げた薬がこんなにきいたんだろう?」っていわれますんですの。それで「いいえ、実はこの『生命の實相』全集を読んで治りました」といって、生長の家のことを話したのでございました。

立仙――お話を伺いながら、何という美しいお眼かと感心しておりました。それなのにそんなにお悪かったんですかねえ。

中橋――まあ……。でもこちらへ寄せて頂きましてから本当に気持がよろしいんでございますの。それから皆さん御承知でいらっしゃいましょうか、歌人の西村陽吉さんでございますね。この五、六年来親戚のように宅とおつき合いいたしておりますのですが、あの方も「生長の家」へ入信られまして、とてもおひどかった近眼が完全に治ってしまいになったのでございます。今日も伺いたいがちょっと出られないから、私から代ってよくお礼申しあげてくれ、ということでございました。

立仙――西村さんが？　余程お悪かったのでございますか？

中橋――はあ、何度でいらっしゃいましたか存じませんが、随分ひどうございました。眼鏡なしでは全然お見えになりませんでした。それが今はお外しになってしまいましてね、すっかりお見えになるんでございますって。

西村陽吉さん　明治二十五～昭和三十四年。本名辰五郎。歌人。生長の家に入信後は『白鳩』『いのち』等に多数寄稿した。日本教文社取締役。著書に初期の歌集『都市居住者』、光明思想普及会刊『新天新地』等がある

十四　川村嬢のすばらしい体験

頭注版㉘一五一頁

立仙――皆さんに川村よし子さんを御紹介いたします。過日から新聞に出ていましたから、皆様御承知でいらっしゃいましょうね。川村さん、一つ御体験談を皆様の前でお話しになって下さいませんか。

川村（十四歳位の少女）――……。

谷口――どうです？　お話ししませんか。

川村――……。

谷口――それでは代りに伯母様に話して頂きますか。

立仙――では一つ伯母様、どうぞ。

鈴木――じゃ私がよし子に代りまして話させて頂きましょうか。この子の母親が二度の近眼なんでございまして、この子も幼稚園に通っております時から目が悪く、小学校に入ります時には、もう眼鏡をかけておりました、今度双葉女学校の二年ですから、八年間眼鏡をかけていたことになります。それがまた追々度が進んで参りまして、昨年は大変不自由になりまして

過日　先日

双葉女学校　明治四十年に現在の東京都中央区に開校したカトリック系の雙葉高等女学校。現在は学校法人雙葉学園

ね、春日町の明々堂で四日がかりで検眼して頂いて眼鏡を変え、やっと見えるようになっておりました。そんなふうでございますから、始終陰気な子でございました。それがね。このお休みになりまして、私の家へ泊りに来たのでございますが、私が毎晩お山にお伺いいたしますのを、或夜女中と一緒に迎えに参りまして「伯母様、毎晩毎晩お通いになるけれど、何していらっしゃるの」って聞きましたのでございます。それで私、いろいろと「生長の家」のことを話してやりました。そうしましたら、「伯母様の話伺って、自分と肉体というものは全然別物であることが初めて解って、それを大変に感じた」と申しました。それで私が「あなた肉体無しということが、そんなによく解ったのだったらこれを読んで御覧」と申して『甘露の法雨』を読ませたのでございます。半分程自分で読んでおりましたが、眠そうにいたしますので、よし子を寝させまして残りは私が読んでやりました。

それで翌朝六時半頃でございましたか、目を醒ましましてね。眼鏡なしで廊下に出まして庭を眺めておりましたが、急に「伯母様、伯母様」って私を呼びますんで、びっくりして何事かと行ってみますと、「伯母様、私、眼鏡かけてないのにお庭の百合の花がちゃんと見える」って申しますの。「いくらなんだって昨日迄のひどい近眼が、そんな事があるものか」って申しましてね。初めは私達でさえも信じなかったんですの。けれど白い百合の花が一輪と、つぼみが二つちゃんと見えるって申しました。それから部屋に入りまして、掛額の字が見えるといっておりました。次に柱時計の長針と短針が見えました。ちょうど七時半でございましたが、その次に時計の小針が見えて……十時頃でございましたね、それは、本当にびっくり致しました。よし子もびっくりしておりました。前夜私の話をきいた時も別にどこも治りたいなどと思わなかったそうでございます。それに近眼が治ってしまいまして、その時つくづく、肉体はただ心の影ということが解ってハッと思ったと申しますから、「それならあなたここを読んで御覧なさい」と申し

掛額　入口や客間などに掛けておく額

小針　秒針を指すと思われる

まして、『生命の實相』の一部を示してやりましたら、夢中になって読んでおりました。

そしてしばらくしましたら、とても臭いハナがたくさん出て参りました。ところがそれで蓄膿症が綺麗に治ってしまったのでございます。それからその翌日、ひどい咳をしきりといたします。痰を吐きます。どうしたんでしょうと話しておりましたら、間もなく止りました。それで気がついてみますと、長年痼疾の左右の扁桃腺がすっかり治ってしまっておりました。

瀧内――よし子さん、えらいですね。

谷口――そうだ、本当に自分の悟りで治したんだからえらいのだ……。

立仙――先刻、鈴木さんの奥さんと御一緒においでのところを拝見しましたが、大変綺麗なお嬢さんだなと思っておりました、お目は五度だったとか伺いましたが……。

鈴木――はあ、五度でございました。前は眼鏡をかけております上に蓄膿症

蓄膿症　慢性の副鼻腔炎。頭が重い、頭痛、鼻づまり、記憶力減退などの症状を呈する

痼疾　長引いてなかなか治らない病気。持病

扁桃腺　のどの奥にあり、桃の形に似た左右一対のリンパ腺。ここでは、扁桃腺炎

で鼻が腫れておりましてね、それが治って、腫れがひきましたら、大変頭がスッキリいたして参りました。

谷口――それに眼鏡をとって、目で笑うようになりましたね。（笑声）

立仙――「眼鏡の川村さん」て、学校中有名だったそうじゃございませんか。

鈴木――そうなんでございますよ。それが先達て、新聞の広告に治ったことが出ましたものですから、方々から問い合せが参りましてね。治してほしいって訪ねていらっしゃる方までございますんですの。

谷口――眼鏡の川村さんが、眼鏡なしの川村さんになって、一層有名になるわけですね。

十五　眼鏡をかけたままで完全に見える

頭注版㉘一五五頁

立仙――まだお話し頂かない方がございますかしら。そうそう濱中さん、一つお話を伺わして下さいませ。

濱中――……。

栗原――では私、代って申し上げます。この方が私が以前に皆様の前で御報告申しました、強度の近眼の治られた方であります。度々お話しいたしましたから、極く簡単に濱中さんの治られた状態を申し上げましょう。濱中さんは私の姉のところに裁縫を習いに通っておられるのです。あんまり強度の近眼なので姉が大変に同情いたしましてどうにかしてあげたいと私に話したことがありました。それで七月三十日だったと思いますが、夕刻私が帰宅いたしますと、ちょうど濱中さんが来ておられましたので、そこで、私がお話をして上げたんであります。で、近眼というものは要するに自分の心が反映してそうなっているのであるから、先ずよく考えて心の状態を変えるようにすれば、どんな強度の近眼だって治るんですということを細かい生活に迄立ちいってお話し申し上げたんでありました。

それでその日はお別れいたしまして、翌三十一日の四時頃、私が帰って参りますと、家の前で姉達が大さわぎしているんです。で、私の姿を見るや否や濱中さんと一緒にかけ寄って来て「濱中さん見えた」と申しまして、嬉し泣きに泣きだすという有様に、私自身もこんなにも速に、私の話だけで治ってしまったということが、不思議な気持さえしましたが、本当に有難くて、私も共々に喜んだのでありました。濱中さんの見えて来たその時の状態は、眼鏡をかけたままで、ずーッと遠くまで景色がこう伸びるようになって見えて来たそうです。濱中さんは、はじめて見る世界の、あまりの美しさに、思わずノートをとって、その切れはしに写生を始めたのでありました。四、五人の友人達がそれを見てびっくりして、駆けよってスケッチを見ていると、我々でも見にくいような遠い景色までちゃんと写し出している。私の家の一丁程先の細い電線迄も、又、大分先のアパートの窓硝子の桟迄も

一丁　約一〇九メートル。一町

——それは本当に好い目の者でも余程気をつけて見なければ見えないようなものですが——それ迄濱中さんはスケッチしておりました、その時姉が「濱中さん、あなたの近眼は治ったんだ」といって、友人たちと手をとって泣いてよろこんで、私の帰りを待っておられたのでありました。

姉の裁縫の稽古は、七月一杯で休みということになっていましたが、濱中さんは自分の目が本当に治ったかどうか、きっと姉が案じているだろうというので、翌一日もやって来られて、長年外したことのない部厚な近眼鏡を外してしまって裁縫の稽古をしたのでありました。その時、針のめど迄眼鏡なしでどんどん通しておるのを私目撃いたしまして、何ともいえない気持にうたれたのでありました。眠っている間に、自分は知らないのに、目をさましたら治っていたというのではなく、現のままにすーっと伸びるように見えて来たという、変った体験をもっていられる方として御紹介申し上げておきます。

めど　針の端にある糸を通すあな

現　目覚めている状態

立仙——さようでございますか、お話を伺っておりまして、その見え出した瞬間のお気持はほんとにどんなだったかと存じます。三度とか、四度とか伺いましたが、……お外しになっていらしってよくお見えになりますか？

濱中——ええ、お蔭様で。

十六　小学生の近眼の場合

萩野——私は小学校三年の時から眼鏡をかけておりますのでこの子も（との十二、三歳の少年をさして）その位になったら目が悪くなりはしないか、と前から案じておりましたのでございます。今から考えましたらその心の反映でございましょう。ちょうど昨年、四年の一学期の頃から、段々目が悪くなって参りました。それで眼鏡をかけ出しまして、只今五年でございますが、今年の目の検査の時、大変度が進んで来ている、これ以上近くなった

頭注版㉘一五七頁

ら困るから、至急眼鏡を変えるようにという御注意がございました。

それからしばらくいたしまして、私がこちらへ寄せて頂くようになりまして、先生からいろいろな話を伺い、自分の気持さえ変れば子の近視は治ると思いまして、子供に向ってもガラッと態度を変えて、「あなたはもう目は悪くない、度は低いのだから眼鏡を外してしまいなさい」というようにいたしておりました。けれども平常自転車にのって学校に通っておりますもので、「眼鏡なしでは僕自転車にのれない」と申しまして、中々外そうとはいたしませんでございました。しかし私『生長の家』を読まして頂きましてから、今迄恐れておりました遺伝のないことも悟れておりましたので、もうあなたは眼鏡の必要はないと強く申しまして、眼鏡をとらせてしまいましたのでございます。これは夏休みに入りましてからのことでございます。学校のあります時は、先生が眼鏡をかけますことをおすすめになりますのですから、私新学期の始まります迄に、どうしても完全な目にしてやりたいと存じておりました。眼鏡をとりました最初の中は、何となく頼りなさそうにしておりましてございますが、その中に追々と眼鏡のことを申さなくなって参りました。それで平気で自転車に乗って遊び廻っておりました。で、先達ても私共一家で富士の五湖めぐりをいたしました折私なぞにはとても見えないような景色や、雲につつまれてうすうすとしか見えない山が、「ちゃあんと僕見えるよ」と申しておりました。私の見ますところでは、完全にこの子の近視は治っていると思うのでございますが、今学期、学校で検査して頂いて何と仰有いますか……。

谷口――大変好い御体験談でした。坊ちゃん、眼鏡をとってよっく見えるでしょう……。

十七　近視や、斜視や、乱視の起るわけ

富士の五胡　富士山の北側のふもとにある五つの湖。山中湖・河口湖・西湖・精進湖・本栖湖。平成二十五年に世界遺産に登録された「富士山―信仰の対象と芸術の源泉」の一つ

頭注版㉘一五九頁

斜視　一方の目が正しく目標に向いているのに他方の目が別方向を向いてしまう状態

立仙――時間が随分延びましたが、最後に先生に今少しお話し願いとうございます。

谷口――今日おいでの方の中に、遠視が治ったという方が大分おありのようでしたが、こうしてみると、遠視は中々多いらしいですね。私がよく近視は、この現象界のことばかり見て実相を見ないチカメだということを申しますと、それでは遠視は何か、とお問いになる方がありますが、老人の遠視というのは、日暮れて道遠しという感じで、先のものを先のものをと焦る心の現れであります。年を取ると、老後のことばかりを考えて、取越苦労をして「今」を完全に生き切らないことが多いのであります。「今」を完全に把握して生きる事が出来たら、それはすぐに治ってしまうのであります。私の申しました「今」というのは、現象の目の先の今のことではないので、この「今」の中には一切のものが含まれている――永遠生き通しの実相の「今」であります。もう一つは遠視が老衰から起って来ることがありま

日暮れて道遠し 『史記』「伍子胥伝」にある言葉。年をとってしまったのに目的を達成するまでには、まだほど遠いこと

すが、人間が老衰するというのは、永遠生き通しの今に吾々は生きていて、永遠の若さを持つものであるということの分らないためであって、老衰して血管が硬化するのは、即ち心が頑になる――人のいうことをきき入れないとか、心の融通がきかないとかいうようなことから起って来る。人間の目はどっちかというと遠視であることが普通だそうですね。それが吾々の目に調節機能があるためにうまく調節されて、ちょうどよく見えているのですが、老衰して心が頑になってしまうと、調節機能も固定してしまって、その働きを失ってしまう。それで調節を失った目がもとの遠視に戻ってしまうのです。又、見たくないものがある場合起ることもあります。

また、斜視、乱視というのがあります。これはものを見るのにまともに正しく見ないで、斜めの方からひねくれて見る心の現われであり、乱視もやはりまん丸いものを丸く見ないで楕円形に見るというような心の現われたのでありますから、よく人を見て、その点を指摘して差上げて、まるいものは

硬化　かたくなること

頑　頑固で、自分の考えや態度を変えようとしないさま

円いと、正しく、真正面から見得る心に調節して行かれれば、すぐに治ってしまうのであります。結局私が今お話ししましたようなことをよく摑んで、人を見て機に応じて上手に相手にそれを話してあげるようにすれば、近視でも、遠視でも、また斜視でも、乱視でも、完全に治してあげることが出来るわけですね。

服部――私も他人の目をお治ししたという話をたくさん持っておりますが、それも目を治すのが目的で、直接目に向って呼びかけて治したという経験は一度もないので、ただ私の宅にお集りになる方々の実相を観て、その方達が本当に実相をお現わしになることが出来るように、谷口先生のお言葉を皆様にお伝えしているだけなのであります。そしていつも皆様の心に向って呼びかけています中に、この間も一晩に五人も近視が治られた、というようなことがございました。先生のお話を伺っている中に、眼鏡がいらなくなってしまったというようなことがこれ迄でもあまり頻繁にあったものですから、私は目の治ることは枝葉の、極く当り前のことのように思って、別に何とも思っておりませんでした。人様にお話するという場合でも、目のことなんか、ちっとも気にかけていなかったようなわけです。しかし先生の先程おっしゃいました「今」を完全に摑んで生きるということ、その「今」ということが本当に解れば、体の病であろうと目であろうと、又環境であろうと、すべてがよくなって行くのでございます。

谷口――そうですよ。ここに来られる方でも目を治したいといって来られる方はほとんどありませんよ。それで私の話を聞いたり『生命の實相』を読んだりしていられる中に、心の目が開いて、その結果として自然に現象のこの目もよくなって来るのですね。

立仙――先生、お忙しい時間をお割き下さいまして有難うございました。皆様有難うございました。これで閉会に致します。

第二章　体験者みずから記す

頭注版㉘一六三頁

一　僅々一分間で近視治る

頭注版㉘一六三頁

僅々　わずかに。たったの

先生　ここでは、この項目の筆者の栗原保介

先生、私は何と御礼を申してよいかわかりません。永幡先生の御導きによりまして先生の有難いお話を伺いまして、不自由な近視が即座に治っ

てしまいました。この時の私の喜びをお察し下さい。先生は自分の事ばかりでなく、家中の事もしなさいとおっしゃいましたので、私はその夕家中のふとんを敷きました。いつもは自分のばかりしか敷きません。お母様もお姉様も大変喜んでおりました。これからは先生の御教示を一所懸命守ります。出来るかぎり神様に御仕えして、御恩の万分の一でもおつくししたいと念じております。あまりの嬉しさに乱筆ながら御礼申上げます。（高二女　鵜澤由江）

右礼状の中に即座に治ったという言葉があるが、その通り本当に即座に治ったのである。

八月二十五日、横浜市本牧町、本台会館に於てオール横浜の誌友会があった。その時のことである。会は一先ず五時半頃に終ったのだが、病気、家庭苦、生活苦、その他一切の煩悶をもった多勢の人々が、その悩み苦しみを

教示　知識や方法などを教え示すこと

高二　高等小学校の二年生。現在の中学校二年生にあたる。高等小学校は、旧制の尋常小学校修了後、さらに二年間学ぶ学校

オール横浜　横浜地区合同で、の意と思われる

誌友会　生長の家信徒が自宅等を提供して開く研鑽会

煩悶　あれこれと心をわずらわせて、悩み苦しむこと

訴えて解決してもらおうとして残っているのであった。その中に混っていた一人が、御礼状の主、鵜澤由江さんだったのである。

由江さんは横浜市大鳥小学校の高等二年生で、当日は受持訓導の永幡まつえ先生と一緒に来られている。

「先生、私の近眼治りますか？」

由江さんは、だしぬけに、私に訊ねかけた。

「ああ、治る。君は家で洗濯もろくにしなければ、自分で食べたお茶碗も洗わないでしょう。それだからいけないのだが、そうした事が出来ると御約束するなら、直ぐ治るが……約束出来ますか！」

「出来ます。」

「それでは、もう治っている。明日にでもゆっくりと礼状を書いて寄越して下さい。」

私は事もなげにこう言っておいて、その次の言葉は、待ちかねている後の

大鳥小学校　大正十年に創立した現在の横浜市立大鳥小学校

訓導　旧制の小学校の正規の教員。現在の教諭にあたる

だしぬけ　突然。いきなり

事もなげ　何の問題もないような平然としたさま

人へと移して行った。

ところが、それから、ものの五分間と経たない時だった。永幡先生の甲高い声が私を呼んで、次のように言われた。

「先生ッ！ この子の近眼が治りました。あの時計の針も、あの向うの字も、眼鏡なしでみんなよく見えるのです。御礼状は御礼状で出させますが、これこのとおりです。……早く先生に喜んでいただきたいと思って……。」

由江さんは、夕闇のせまった薄暗い室の真中に佇みながら、際限なく湧き出て来る好奇心と喜びの情で、四方八方を見廻していた。そうして、みんなの視線は一せいにそちらに走った。

「この子は、最近しばしば近眼の度が強くなっていたので、遂には盲目になってしまうよなんて、言っていたんでした。」

しんとした中に、永幡先生は更にこう附け加えた。

何度の近眼だったか聞きそこなったけれど、由江さんの近眼はこうして僅か一分たらずの話の中に治ってしまったのである。

他の人の手助けをしよう。そう深く決心した時、由江さんの心の中には強い愛の力がもえ上ったのである。神そのものが顕れ給うて、不自由な近視眼を治して下さった——光に遭った闇の如き早さで従来の不自由さは完全に拭い去られたのである。

近眼を治すのではない、愛他的な心にならなければいけないと、心を教育した時、本来ない近眼は完全に吹き飛んでしまって、その本来性に還ったのである。（東京、淀橋、西落合一ノ二五九、栗原保介）

二　「近眼はチカメだ」の悟り

有りがたい『生命の實相』を読んでも、そんな事が有り得るかしらと、うたがった私でした。長い主人の病気もなおす事も出来ず、十六年目に逝か

愛他的　自己の損得にかかわらず、他者の利益や幸福を優先すること

本来性　本来のすがた

栗原保介　生長の家の講師及び理事を務めた。本全集第二十二巻「教育篇」三七頁等参照

頭注版㉘一六六頁

れてからは、世の中の不幸を自分一人で背負ったような悲しみにひがんでいた私でした。谷口先生のお説き下さるような明るい人生は、私には無いと思いきめていた我のつよい私は、それにもかかわらず、何とはなしに『生命の實相』にひきつけられて、二月二十五日やっと「生長の家」をお訪ねして誌友にしていただいた。

そしてお山に通わして頂いて二日目には、長男の色盲が先生の御深切な御助言にて癒やされ、しかも今にして思えば私の心の反映にしかすぎないのですけれど、その時は父なき子の我ままに人知れず泣いていたその長男の性質が一変して、いとも従順なよい子になってくれました。たった一日のへだたりは百年もの距たりのように、昨日にかわる明るい、嬉しい人生が開けて来ました。お山へ伺って先生のお教えを伺う事が出来るうれしさ。「人間は神の子だ、本来円満完全な仏の子である」と知らされて、その見地に立ってみれば、世の中はすべて美しい。何をみてもなつかしい。それか

誌友　狭くは月刊誌『生長の家』の読者を指し、広くは「生長の家」信徒を指す

ら一週間ばかりたった或る日、お山ではいつもの通り皆様が色々の質問をしておられた。それはこの人生の縮図のような人生苦、社会苦、家庭苦というような、あらゆる方面の質問である。先生はどなたにも一々明快な、適切な、深切なお答えをあたえていらっしゃる、突然或る青年の方が、

「先生近眼はどういう心ですか」と質問せられた。ところが先生はいとも簡単に、

「近眼はちかめだ」と答えられて哄笑せられた。修行者達はどっと笑われたけれど、私の心は、はっと何物かにうたれて、ほんとうにそうだと思われて、何かなしに涙がこぼれて仕方がない。ほんとに利己的な身のまわりしか見えない自分、実相のみえなかった自分がかえり見られて「近眼はちかめだ」と一日中思いつづけておりました。

翌日十時の神想観が終ってみると、眼鏡が無い方がよいような気がして来ました。はずして見ますとお山の庭の松の葉さえ一つ一つ見えるように思わ

いとも　きわめて。非常に

哄笑　大声をたてて笑うこと

何かなし　どことなく。なんだか。「何がなし」とも言う

れ、ちょうどその時松(ときまつ)の木に下(お)りていた名も知らぬ小鳥(ことり)の毛色(けいろ)まであざやかに見えました。でも急(きゅう)に眼鏡(めがね)をはずすのもきまりが悪いと思って、そのままかけて帰りました。度(ど)の合わなくなった眼鏡(めがね)をかけているせいか、眼(め)が痛(いた)んでその夜(よ)は早くやすみ、翌日(よくじつ)はお山へ伺(うかが)わずに二階(かい)で一人(ひとり)で神想観(しんそうかん)をはじめました。

と、ミシリミシリとはしごのあたりに人(ひと)の足音(あしおと)がきこえました。「みつ子が帰ったのかしら」と思ったが、たれのけはいも無(な)い、何(なん)となくぞっとして水をかけられたような気持ちがしていると、急(きゅう)に全身(ぜんしん)が何(なに)かにしばられでもしたようにかたくなって、眼前(がんぜん)に漆黒(しっこく)のおひげのある五十年輩(ねんぱい)の体軀(たいく)も立派(りっぱ)な方(かた)が、白い着物(きもの)に黒の袴(はかま)をはいておられると思われるお姿(すがた)が見えはじめ、しかもそのお手を私の両眼(りょうがん)の前(まえ)にてふられる度(たび)、光輝燦然(こうきさんぜん)たる七色(いろ)のふき流しのようなものがヒラヒラと流れて、流れるままに私のまぶたも上下(じょうげ)して、やがて自然(しぜん)と眼(め)があきました。

たれのけはい　誰かがいる気配

漆黒　うるしのように黒くてつやのあること。また、その色

五十年輩　五十歳くらいの年頃

体軀　からだ

光輝燦然　きらきらと光り輝くさま

ふき流し　何枚かの長い布を半円形または円形の枠に取り付け、竿の先に結んで風になびかせるもの

見るとどなたのお姿も無いけれど、私の眼には実に涼しい風が吹いているようで、そのまま痛みもきれいにとれてしまっておりました。信仰のうすい私は、それを何かの幻覚であったかしらと思い捨てておりましたけれど、今になって思いますれば、有りがたい神様のおはからいであったと思われて、ほんとうに有りがたい。それきり私は眼にも、心にも、眼鏡をかけません。愛と讃嘆に満ちた地湧の浄土、こんなうれしい世の中の有る事を知らなかった自分に思いくらべて、このみ教えを早く皆さんに知らせて上げたい念願で今はいっぱいでございます。

（東京、牛込、市ヶ谷甲良町一五、柳澤田鶴子）

三　色盲癒ゆ、前途洋々

僕は東京府立四中の五年生です。

思い捨てる　心にかけることをやめる

地湧の浄土　「地湧」は地中から湧き出てくること。釈迦が説法すると七宝の塔が地中より現れたことが『法華経』に記されている。本全集第二十巻「万教帰一篇」中巻第二章参照

頭注版㉘一六八頁

前途洋々　先行きが開け、将来が希望に満ちているさま

東京府立四中　明治二十一年創立。現在の東京都立戸山高等学校の前身

木枯しの風が肌寒く吹きすさぶ去年の冬休みの或る日、僕は多摩川近くの鵜ノ木の高台にある叔母の家を訪れたのでした。その時にはちょうど八月の海軍兵学校の体格検査に色盲の故を以て、刎ねられて、父の後を継いで海軍の人となる事にほとんど定めていた僕の前途は、突然、大暗礁にのりあげた船のようで、一体僕はどの方向に進路をとろうかしら、と考えては前途の暗雲に唯拱手してすっかり悲観していたのでした。その日の午後の事、叔母が「この本を読んでごらん」と言って、出してくれましたのが、聖典『生命の實相』でした。唯何となく心に惹かれるものを感じて、披いてみたのです。するとその本には従来からの我々の思想と、あまりに懸隔のあること、――即ち「肉体は本来無い。病気も本来無い」というような事が書いてあったのです。ですから病気の中でも遺伝で不治だとされていた色盲でもって、目的に勇往邁進できず、前途を悲観していた僕としては、どうしても反駁せずにはいられませんでしたし、勿論信ずる気にはなれなかったので

木枯し　秋の終わり頃から冬の初めにかけて吹く、強くて冷たい風

刎ねる　検査や試験で不合格にする

大暗礁にのりあげる　大暗礁は、海面下に隠れている大きな岩。思いがけない困難のために、物事の進行が妨げられること

拱手　腕組みして何もしないでいること

懸隔　二つの物事が大きくかけ離れていること

勇往邁進　目標に向かって勇ましく突き進むこと

反駁　他人の意見に反論すること

す。殊にその頃の僕は、我儘一杯の少年だったので、今考えてみれば、実に下らない反駁ですが、その時は大真面目で『生命の實相』に書かれてある事々が、本当に荒唐無稽のように考えられて、『生命の實相』を持前の剛情から投げ出して、放りっぱなしにしておいたきり、それきりになってしまったのでした。それから四ヵ月後、機縁が熟したというのでしょうか、母が再び「生長の家」の御話を、僕に伝えてくれました。その時はまだ突っぱっていてちょっと行ってみてきてやれ、というような気持で、四月二十八日に母と共に家を出たのです。本部へついてから、母が谷口先生に色盲について質問させて頂いたのに対して、先生は次のように御答え下さったのです。「要するに目というのは、心の窓のような物であって、それに色盲が表われて色が見えないと言うのは、君に総ての色を万遍なく受け容れる心が無いからだ。あれは気に入らん、これも気に入らん、という心が、窓である目に表われて、色盲が形を現わしているのだから、総ての物と和解して、何で

荒唐無稽　言動に根拠がないさま。でたらめなこと
剛情　かたくなで意地っぱりなさま。強情
機縁　きっかけ。縁
万遍なく　行き渡らないところがなく

も受け入れるような心になりなさい。親には孝行をし、目上の方々の言われる事をよく聞き入れ、世の中のあらゆる物に、有難いという気持をおこすようにしなさい。そうすれば治りますよ」という事でした。そこで考えてみると、先生の御言葉の通りの僕である事が、ひしひしと感ぜられて、先生の仰しゃられた通りの心になれるよう、聖典をもっと何回も精読しようと、自分に言い聞かせたのでした。一日おいて二十九日には、本部の神想観に自分から進んで行くように迄、突っぱりが和らいだのでした。しかし何とした事か、翌三十日の午後に、叔母と妹とが有名な映画、『未完成交響楽』と『ながれ』を観に行くと言ってるのを聞いて、どこからともなく我儘が飛び出して、三人で大喧嘩をしてしまったのでした。その時でした。母が静かに二階から下りてきて、僕達の険悪な空気の中で、仏壇に向って聖経『甘露の法雨』を読みだしたのです。「或る日、天使生長の家に来りて歌い給う――」と。するとどうした事か、僕はどうしても仏壇に向い、合掌せずに

険悪　顔つきや態度がとげとげしいさま

はおれなくなったのです。仏壇に向い、一心に合掌していると、滂沱として涙が溢れだしたのです。唯、涙――。有難いような、温かいものが僕の全身を包んでくれたような気で一杯でした。やがて、母の朗読は終りました。先刻の喧嘩こそ、僕にとって、又皆にとって、自壊作用だったに違いありません。すると、僕の唇をついてでたのは、ただ有難いという一語だったのです。喧嘩の相手だったとてその喧嘩の結果、僕の気持が和らいでくれたとすれば何と有難い事ではありませんか。これだったのです。谷口先生の仰しゃられた「有難いと思いなさい」とは。そして、その時は三時頃だったのでしょうか。僕は二階の勉強部屋へ行って、何の気無しに色盲検査表を披いてみると今迄もやもやして分らなかった字が浮き上って、鮮かに見え、と同時に庭の夾竹桃の花が、実に美しく見えるようになっていたのです。あぁ僕の色盲は消えたのです。本来の無に戻ったのです。これが有難くなくてどうしましょう。唯、有難いあるのみです。僕の前途は輝いてきました。僕

滂沱　涙がとめどなく流れるさま

ケミカライゼーション　chemicalization 自壊作用。物事が好転する前に一時的に事態が悪化する現象。米国でクリスチャン・サイエンスを創始したエディ夫人が「心機一転の化学的反応」と名付けたもの。本全集第三巻「実相篇」中巻等参照

はこの前途に対して叫ぶのです。「ああ我が進む前途よ。お前は既に私にとって実相の前途なのだ。私はこの輝きに満ち、光明に満ちた前途を、唯、神に我身を御任せして進むのだ。ああ我が前途は洋々たり」と。

（東京、牛込、市ヶ谷甲良町一五、柳澤元俊）

四　五度の近眼が治り別世界を見る

頭注版㉘一七二頁

七月二十九日の夕方でした。今年十四になる姪の芳子が宅へ泊りに来まして「叔母様は、生長の家のお山へどうしていらっしゃるの」と尋ねたので次のように話して聞かせた事でした。「私は心の糧を頂きに上るのです。人の心は目にも見えない、手にも取れない、神と同じ霊なのです。この世でお仕事をする為めに肉体という衣を着て、神様のお使として生れて来たのですから、私もあなたも神様の子なんですよ。」姪は驚いたようでしたが私は

糧　食糧。食物。転じて、精神的な支え

言葉を続けました。「蚕が自分の口から糸を吐いて繭を作ってその中にいるようなものです。時期が来れば自分の口で繭を破って蛾となります。そして今迄とは違った仕事をやはり続けてゆくのです。人もこれと同じで、使命を果したら方便に着ていた肉体の衣は脱ぎ捨てて他の所へ行くのです。こうした肉体の病気に心が捉われるものではない、神様に病が無いように神様の子に病気や不幸はないのだから、神の思召に従っておれば楽しくこの世の仕事を終える事が出来るのです」といってその例に、清き流れに棒を横えておくと汚物がひっかかって汚い流れのようであるが迷いの棒を取り除くと元の美しい流れとなる、といい聞かせますと、よく判ったと申して『甘露の法雨』を読んで休みました。するとその翌朝、大声で鴨居の掛額が見え出したと騒ぎ、どんな絵かと問うと、菊の花で六輪咲いていると答えるのです。それから縁側へ出て二間程離れて咲いている百合の花の蕾の数をちゃんと数えました。それから掛時計に九尺程離れて立たせますと、朝七時頃には短

方便　ある目的のために一時的に使う手段

鴨居　建築物の開口部の上部にある戸や障子、ふすまなどを立てる溝をつけた横木。下部のものは敷居

九尺　約二七〇センチメートル。一尺は約三〇・三センチメートル

針ばかりが見え、十時には長針も数字も見え始めたのです。こうして何もかも見え出し非常に喜んでその晩お山に参ります途中、代々木の練兵場より打揚げられる花火を見て、両国で眼鏡を掛けて見た花火と異ってその色の美しく、空の綺麗なのに驚いていました。翌日、多摩川に水泳に連れてゆきましたが外の泳ぐ人とぶつかる事もなく、潮が満ちて来たので私が土手の上から扇で招きますと手を挙げて答えるのでした。土手の民家より立昇る白い煙や、鉄橋を過ぎてゆく電車の乗客の多少まで見え出したのです。今一つ面白い事には、外の人より眼がとび出ておりましたのが日と共に普通となって来たことです。この子は又四年程前から医者に蓄膿といわれて、鼻がつまり頭痛がして安眠の出来なかったのが、夕方ガスのような臭い鼻汁が出たというので顔を見ると鼻すじの通ったよい形となっていました。翌日は細かい地図を三時間位書いていたが頭はどうもないといっていました。

こうして近眼二度の母をもち、小学一年の七歳から八年間、片時も眼鏡

代々木の練兵場　明治四十二年に大日本帝国陸軍第一師団の演習場として設けられた軍事練習場。大東亜戦争終結後、米軍宿舎の敷地（ワシントンハイツ）となったが、昭和三十九年の東京五輪を機に日本に返還された

両国　両国の川開き花火大会を指すと思われる。現在の隅田川花火大会の前身

を離さなかった五度の近眼も、又四年前からの蓄膿も「生長の家」の真理の言葉の力によって解決する事が出来たのでした。

（東京、渋谷、青葉二〇、鈴木貞子）

五　乱視は乱心から

浜松市浅田町の清水光三さんは、友人の横倉さんから『生命の實相』をお借りして、熱心に読んでおられましたが、或日ふと御自分の乱視が快癒しているのを発見して、大変喜ばれました。

清水さんはもと或る輸出織物組合の監査長をしておられたのですが、これは大変面倒な役目でして、輸出織物の或寸法のうちに、経糸が何本、横糸が何本使ってあるかという事を調査しなければならないのです。調べる時は、従来の近視眼鏡の上に乱視眼鏡をかけ、更に細長い拡大鏡を覗かねば

頭注版㉘一七四頁

快癒　すっかり治ってしまうこと

ならないのですから、随分厄介です。三本も五本も糸をごまかしてある織物は、下役が一応調べて不正を認めると、清水さんの処へ廻してよこします。清水さんが「これは駄目だ」と最後の宣告を与えれば、織物はその場で、輸出の出来ないだけの寸法まで、ざくざく截られてしまうのです。自分の一言が織屋さんに莫大な損害を与える事を、あまりによく知っている清水さんは、拡大鏡を覗く度毎に、どうしても心乱れずにはいられませんでした。

その後この組合は、ある事情の為に内紛を生じ、清水さんは殊の外、心を労し乱した為、極度に目を悪くしましたが、『生命の實相』のお蔭でたちまち乱視が治ってしまったのです。清水さんはこの頃組合をやめて、他の事業を始められましたが、頗る順調で、この間は実に思いがけない処から思わぬ仕事を恵まれ、これは正に「生長の家」の神様のお蔭であると言って、非常に喜ばれました。最近私の所へ全集を求めて来られましたが、いつも本を持っていないと淋しくて仕様がないと被仰っておられます。

内紛　内部のもめごと

六　近眼たちまち癒ゆ

（浜松市、三組町四〇、花井陽三郎）

私の娘は金蘭会高等女学校の五年ですが、入学当時から三十度の近眼鏡をかけるようになり、最近迄に、四回程眼鏡の度を代えて、十四度になっていました。ところが愚妻の数年来の心臓、胃腸、その他雑多の病気が『生命の實相』を読み出したお蔭で、健康を取戻してから、娘にも神想観をやらせておりました。尤も娘も『生命の實相』や『生長の家』誌（五月号より入会）や、光明叢書の小冊子も読んでいて、近眼の治った実例等も知ってはいましたが、或時二階で独り神想観をした時に、瞑目のうちに御光のようなものが見え、次いで白衣の顎鬚の長い爺さんが杖をついて向うから来て、自分の身体へ消え込んだと申して不審がっていました。それから程なく教室

頭注版㉘一七五頁

金蘭会高等女学校 明治三十八年に現在の大阪市北区で創立。現在の金蘭会高等学校・中学校

愚妻 自分の妻をへりくだって言う語

光明叢書 『生命の實相』の内容の一部を抜き出した小冊子のシリーズ。「生長の家叢書」と共に一冊五銭または十銭の廉価で頒布した

の黒板の字や、書物の字も今までと違い、良く見えると申して、七月二十日からの夏休み以前に眼鏡を外し、同級の近眼者を羨ましがらせています。娘の申すに、神想観をする時、近眼を治そうという念を特に持ったのではない、読み且教えられたように、「自分は神の子である、完全円満で無病健康だ」と思念しただけだと申しております。私達親子三人は「生長の家」に入ってから、幸福に感謝の日々を送り、神想観をし、仏前では『甘露の法雨』の奉読を日課のようにつとめております。（逸名）

逸名　筆者の名がわからないこと

七　断然眼鏡の存在を否定

頭注版㉘一七六頁

「近視眼が治った――」

私は近眼が治ったという言葉を今使いたくない。何故ならば本来実相覚からいえば病気は無い。蓋し、近眼という病気があり得ないからである。

実相覚　実相を知る力。本全集第四巻「実相篇」下巻第十章参照

蓋し　思うに。おそらく

私が近眼鏡をかけて十年余、この数年間十一度の眼鏡をかけて来たのである。昭和六年に検眼した時は「七度です」といわれて、七度のを求めてかけていたが、遠方は大変はっきりして好いのであったが、机に向って書物を見たり、仕事をする時には少々強すぎるので、又十一度のをかけて来たのである。

私が生長の家の誌友にさせて頂いたのは昨年の十一月であった。以来度々近眼の癒えたお話を伺う毎に私も眼が良くなるかしら？　けれど敢て眼鏡をはずそうという気にもならなかった。

実は私はこれ迄面白い経験をしている。それは朝起きて何げなく遠方を見やると、はっきり外の景色を見渡し得る事であった。その時は勿論、眼鏡の存在は全く忘れている時なのである。そして眼鏡は？　と気が付くと、うすぼんやりして見えなくなったりする現象を幾度か経験している。はて、後で考えて自ら自分の近眼の真偽を疑う事さえあった。

しかし、今更こんな事を発表するのも変なものだと思って、それきり何だかぎごちない気持でいたのである。

さて、去る七月九日の事であった。朝いつものように眼鏡をかけようとすると、片方のレンズに真中からひびが入っている。ふとその時かねがね眼鏡をとろうと思っていた矢先なので、今はずすべきだと思ってはみたが、やはりいざとなると不安になって、昨年迄かけていた、古いのを取り出して外出した。

今迄なら古いロイド眼鏡もそう似合わなくもなかったのであったが、近頃幾分又肥り出して寸法がどうもよく合わない。そして非常に鼻のあたりが痛くて仕方がない、それで会社へ行ってから鏡を見たらとても不調和な事この上もないのである。これこそ神様がいよいよ取れと仰しゃるお示しかも知れないと思って、その日一日眼鏡を用いずに仕事をしたが、別段頭の痛むという事もなかった。二日ばかり会社の往復の道だけかけていた。

かねがね　以前から

ロイド眼鏡　縁が太く円形のセルロイド製の眼鏡。アメリカの喜劇俳優ハロルド・ロイドが映画の中でかけたことによる十一日は全然取って、十二日の事明十三日は日比谷公会堂で先生の御講演があるので、折角の御講演を伺っても先生のお顔が見えないではつまらない等と思って、もう絶対に取るべく決心して、しまっておいた眼鏡をもう一度、そーッと人目をはばかりかけて鏡を見たのであった。そうしたら、こんどは却って写った自分の顔がまるでポーッと見えて、何だかふらふらして来たので、すぐはずしてしまった。その時私は思った。そうだすべて今より機会はないのだ。本来実相世界に物質は無い、そして眼鏡という物質も勿論ないのである。今を生きないでは生涯機会はないとの一大決意をしたのであった。そして私はこの大信念の下に、眼鏡の存在を否定したのである。十三日公会堂へ行って後から二番目の椅子に腰かけていた。始めは演壇の所にはり出されていたお名前など、又前座の講演者である阿部氏のお顔もボーッとしていたが、しばらく眼をとじて念じつつ開けば大分前よりはよく見える。又二、三度そうして念じているうちに、はっきりとしてきたのである。

日比谷公会堂　東京都千代田区の日比谷公園内にある施設。昭和四年に開設された

前座　主要な講演者などが登場する前に話などをする人

お名前の上の肩書迄見えてきた。傍にいた友達に、「あそこに、こういう字が書いてありますね」と申したら、「ええそうです」との答。すっかり自信を得て、以来今日迄何の不自由もなく暮らしている。よく友達が「あなたどこまで見えて？　ここ迄見えて？」と試されますが、私断じて「神の子を試すべからずよ」といって「神様は必要に応じて、見せて下さるから、心配は無いのです」と放言している。

誠に感謝すべき哉。『生命の實相』一巻によって、私の近眼は救われたのである。私の今迄の心の持ち方もすっかり変ったのはまた事実である。

最後に私は近眼の皆様におすすめする。「唯だ理窟抜きに『生命の實相』を御覧なさい」と。そうして「真理の鏡で御自分の心をお写しなさい」と。

（東京、中野、新井町五七七、野崎千代）

「神の子を試すべからず」　『新約聖書』「マタイ伝」第四章にあるキリストの言葉

放言　思いのままに、勝手なことを言い散らすこと

八　遠視も、乱視も束の間に

僕は東京府立三中の五年です。遠視の眼鏡をかけていました。乱視も少しありましたが、これは軽くて遠視はどの眼鏡をかけてもどんどん進んで行くのでした。眼鏡を変えて眼にあうと又見にくくなってきました。それで最後に或る博士に診ていただいて、「遠視はなおりますか」と尋ねたら「遠視はなおりません」とおっしゃったのです。僕は「弱ったなあ」と思いました。本当にがっかりしました。今からそれを思いますと、医者がそういうのも無理のない事です。唯物的で病気ばかりを見ている現代医には、可哀そうにもなおすことが出来ないのです。そして病気は進む一方なのです。或日父が『主婦之友』でその不思議な神癒に感激して、すぐに『生命の實相』の本を僕に与えて下さいました。母は五月十日から毎晩寝る時枕頭で聖経『甘

頭注版㉘一七九頁

東京府立三中　明治三十四年創立。現在の東京都立両国高等学校の前身

『主婦之友』　大正六年に石川武美が創刊した婦人家庭雑誌。昭和十年五月号に生長の家探訪記事「奇蹟的な精神療法の真相を探る」が掲載された。服部仁郎ほか多くの人々の治病体験記が大きな反響を呼んだ

神癒　物質的治療によらずに癒やされること

露の法雨』を読んでくれましたが、十五日の夕刻には、眼鏡が邪魔になってどうしても掛けていられなくなりました。それから眼は完全に近くが見えるようになりました。厚く御礼申し上げます。僕はこう思います。医者ばかりが悪いのではなくて、自分の心が遠視にしているので、心で「とおめ」なのであります。それで医者ばかりを悪くいうことはできません。人の事から外の事等余計な事ばかり考えて、自分の事はおるすになっていると、自然に心は自分の近くに見えない。遠視は近くが見えないのではなく、見ないのであります。自分の事をしっかりやっている人は、自分の近くを一所懸命に見ますので、近くがよく見え、これも度をこして利己主義になりますと、遠くが見えなくなって近視になると思います。結局遠視は、近視と同様に心が無明にあるためにそうなるのですから、なおっても心が無明に入れば又近くが見えなくなる。だからいつもこの『生命の實相』のような神書を読んでいれば、光明のうちにいますから、遠視のような無明に入ることはありませ

無明 仏教語。迷いのこと。真理を知らないこと

ん。そして次第に肉体の組織も変って正しい完全な眼となります。けれどおしゃれに眼鏡をかけたがる人はだんだん悪くなります。僕も小さい時に、ちょっとスマートでえらそうに見えますので、眼鏡をかけたく思いました。それで心の工場で、目の悪くなるように働き出しました。僕は人の事や外の事が気になる性分でしたので、遠視になりました。このようにして大方は自分の心が遠視にするのだと思います。近頃は眼鏡のない方がよっぽどスマートであるような感じが致します。とにかく眼鏡をかけていた遠視がなおりましたので、これ程うれしい事はございません。僕は眼鏡がうるさくなって、取ってもよく見えた時は非常に軽くなったような気が致しまして、仕事もしやすく非常にうれしゅうございました。実に谷口先生のお蔭だと心から感謝しています。光明の楽土に入る時に眼につづいてあらゆるものがなおり、すべてが明るくなったような気が致します。谷口先生どうも有難うございました。（東京、渋谷、穏田三ノ八七、中島廉平）

楽土　安楽な地。楽園

九　眼鏡よ何処へ行く

私は『生長の家』の誌友にして頂いてからまだ一ヵ月足らずの、光明の眼が開いたのか、開かないのか解らないような一壮年家族であります。この度視力否観力について『生命の實相』の御蔭を蒙った感謝の念を誌上に載せらるるとの事、甚だ簡単ながら私の一ヵ月生としての体験を書かせて頂きます。

私の視力は左$\frac{0.2}{2.0}$の近視で、右は$\frac{1.0}{2.0}$の乱、遠視、内外用二つの眼鏡で又その各々は皆違う「レンズ」が嵌まっているのです。それで体力、気力、旺盛で気分の良い時や又明るい処でも、眼鏡をかけなくとも強いて耐えられん程でもありませんが、少し暗かったり気分が勝れん時は、眼鏡なしではてんで見えませず、又それを無理してかけずにいると、少し頭の芯が痛かった

頭注版㉘一八一頁

壮年家族　「壮年」は、働き盛りの年頃。「家族」は、生長の家の信徒を親愛をこめて言った言葉

観力　肉体上の視力に対して、心の眼で見る力

旺盛　活動力が盛んであるさま

り眼球のまわりが痛かったりしましたので、外へ出る時と書見をする時には、きっとかける事にしていました。又その方が気分もよく頭もはっきりしました。

　ところが誌友にして頂いてから約半月後。その間数回お山に参りまして確か三回目でしたか、神想観の実修中何だか額の処が「ボーッ」と温かくなり、眼の先の真中より少し左よりの処であたかも朧月のような、電燈をすり硝子越しに見るような「ボンヤリ」した明るさを感じ、非常に精神が爽かになったのであります。そして神想観を済ましてフト外の御庭先の樹を見ると、（神想観の時だけは眼鏡を外して行っていました）折柄夏の陽光を浴びた深緑とはいえ如何にもあざやかに明るく晴々とはっきり見え、とてもこれ迄に見た事はない程の鮮明さでした。

　嗚呼！「これが即ち心の明るさで眼があいてきたのだな」と思い、とても有難く朗かで、「これなら眼鏡なしでも結構済まされるわい」と思って、

書見　書物を読むこと。読書

あたかも　まるで
朧月　ぼんやりとかすんだ春の月

折柄　ちょうどその時。折しも

それからちっとも眼鏡をかけないのですが、少しも不愉快を感じません。（以前は眼鏡をかけないと何だか周囲が「ボヤッ」として不愉快でした）又朝等少し眼覚めが悪いと、少し見え難いようですが、朝の神想観を勤めますとすぐ頭もはっきりし眼もまた元の通りはっきりするようになりました。これ偏に「心の眼がだんだん開けて来ているのだ」と思いますと、とても嬉しく有難く、唯感謝しておる次第です。

私は本当に「生長の家」のお蔭で完全に救われました。今後は出来るだけ人様のお救いを致したいと念じております。

（東京、世田谷、羽根木町一六八〇、土田喜久次）

頭注版㉘一八三頁

十　遠視と乱視の癒った話

女子教育三十年、いつまでもオールドボーイの気概を以て任じているつ

気概　困難にくじけない強い意志や気性

もりでも、世間的にはもう五十四歳という初老の坂を越した私である。

大正十五年四月以来希望社経営の勤労女学校長として勤労教育の鼓吹実現のために、創立者後藤静香先生を輔けて教育の実際に当っていたが、引つづく全国的の経済不況は当然百万に上る全国社友を擁せる希望社の財政にも非常な打撃を与え、ここ数年間は勤労女学校の経営運用にも不如意がちとなり、教員・生徒に対する生活費・手当等も不義理がちの窮境に陥った心の焦燥さが、いつとはなしに私の眼に遠視と乱視との不自由さを齎すに至ったのであった。即ち新聞紙の文字が二重に見え、六号活字などはぼんやりして見えない。唯世間並の「初老」という年齢の関係とのみ測断して、検眼の上左右乱視・遠視適応の眼鏡を使って用を達していた。

ところが神縁浅からず本年三月初めて生長の家家族の列に加わることを得たが、当時は職業の都合上頻々と「お山」の道場に参ることも出来ず、やっと二回ばかり谷口先生の膝下で直接神想観実修の指導をうけて大

勤労女学校　後藤静香が設立した私立の女学校。生徒は勤労体験をしながら学んだ
鼓吹　意見や思想を盛んに主張して共鳴させようとすること
後藤静香先生　明治十七～昭和四十六年。社会教育家、社会運動家。大正七年、希望社を設立して修養雑誌『希望』を創刊した
不如意　思うようにならないこと。経済的に困ること
窮境　追い詰められてどうにもならない境遇
焦燥　あせって落ち着かないこと
六号活字　約三ミリ四方に入る大きさの活字
測断　おしはかってきめる
膝下　おひざもと。貴い人のそば

体の要領を解し、爾来朝晩自宅で神想観実修と全集の熟読を続けているうち、或日ふと眼鏡なしに新聞紙を見たところ、不思議や紙面の文字が少しもダブらないのであった。六号活字のところはどうであろうと捜し出して見ると、これもよく見える。しめたッ、ありがたい！　その時の私の感謝と歓喜とは非常なものであったことは今更言うまでもないこと。入信以来一ヵ月目のことであったろうか。

しかし夕方や電車内の薄明りの時などには、新聞紙の文字はまだこれを凝視せねばぼんやりしているから中々時間がかかるので、つい面倒になってポケットに忍ばせてある例の眼鏡を取り出して、手取早く片付けている始末であったが、こんなにいつまでも眼鏡に頼っていてはならないと気づき、外出にも断然携えないことにした。半月後には薄明りでも振仮名まで正視出来るようになり、眼に於ては元の壮者のよろこびに還ることが出来たのである。

爾来　それ以来

凝視　じっと見つめること

壮者　元気に満ちた働き盛りの人

しかも初めから一度も「この眼を」とか「この乱視を」とか念じたことも祈ったこともないのであったものを。後、毎日のようにお山に伺っているうち、先生から、機に触れ折につけて「物に執するな」「病を摑むな」ということを同行衆と共に聴聞、成程と合点出来た次第である。

これは私の心が幾分でも落著き整って来た証拠と一層の精進三昧に消光させていただいている。私のような年輩の者でも、聖典を読めばいつの間にか視力の正常回復が出来たのである。まして未成熟・純真・神の子なる年少諸子の方は必治すること太鼓の判でも押して保証出来る。

尚一言、私の教え子の一家庭の実話。まだ小学五年の男子だが、近眼の度がどんどん進んで行って今では四度になっているため、この上度が進んだらどうなるだろうと、両親、わけても母親の懸念は非常なものである。

ところがこれは母親の甚だしい懸念恐怖心と、純真無垢なその子に向って毎日のように「そんな薄暗い所で読んでいては度がひどくなるよ」という

同行衆　同じ信仰を持って共に修行をする人々
聴聞　仏教語。説教を聴くこと
精進三昧　修行に心を集中させて、余念がないこと
消光　月日を送ること。多くは手紙文などで自分側について言う
必治　必ず治ること
太鼓の判を押す　絶対に間違いのないことを保証することのたとえ。太鼓判
純真無垢　清らかでけがれを知らず、邪心がないこと

言葉の悪い暗示とが、かくも急テンポを以てひどい近視に追込めたものである。

私は聖典やパンフレットなどを贈呈して、その懸念恐怖心打破を強く諭したので、母親は初めて眼が覚めたように従来の態度を改めることを誓ったのであった。

それから日はまだ浅いが、子どもは「お母様、眼鏡がきつくなって来た」と訴えて、追々好転しつつあることを実証しているとのことである。さもあるべきことだ、感謝。（東京、荒川、三河島町七ノ六七四、岩崎吉勝）

十一　私の妻の場合

頭注版㉘一八六頁

私は生来虚弱に生れ、小学校時代も、人並の運動もせず、運動場の隅で暗い顔をして立っていた少年でありました。年が経るとともに益々それが

生来　生まれつき

亢じるのみでしたが、野望だけは人並に抱いてやがてあこがれの学府に学ぶことになりました。だが修学途中行きづまりが参りまして、肋膜炎と診断せられて、入院する結果となったのです。私は宗教のさかんな土地に生れたためか、多分に唯心的な傾向があり、現在の科学に対して反逆的な気持を抱いていましたが、病中、小酒井博士の『生命神秘論』などを読むにつれ、分析医学に対する懐疑が深められて行くのでした。かくして退院し断然薬物をしりぞけ栄養療法を廃しましたが、漸次快復し、旧に倍する健康体となったのでした。そこで現在の医学の無力さと、自然療能の偉大を痛感し、病気治療に興味を覚え、修学途上の野望を捨てて上京、ある先生について自然療法の研究につとめました。そして約二ヵ年日比谷の療院につとめて多くの病人に接している中に生命力の神秘、不可思議を教えられ、遂には宗教医学の建設を夢みるに至りました。

私は浅薄なる人間の迷知によって、組み立てられたる分析医学に生命を托

亢じる　はなはだしくなる。ひどくなる

学府　学問を志す人々が集まるところ。学校

唯心的　世界を構成する根源を精神的なものに求めること

小酒井博士　小酒井光次(不木)。明治二十三～昭和四年。医学博士、随筆家、翻訳家、推理作家。生理学の権威で東北帝国大学教授。不木の筆名で探偵小説等も手掛け、SFの先駆とされる

『生命神秘論』　大正四年、洛陽堂刊

懐疑　疑いをいだくこと

漸次　だんだん。しだいに

旧に倍する　前よりも一層程度を強くすること。倍旧

自然療能　人間に備わっている、自ら病気を治す力

するまでに、迷信している大衆に、自らの生命力、神性を自覚せしめて、この人類の不幸を救いたいと考え、この念願の成就を祈りました。今年の春ある友人から「生長の家」パンフレットをいただき拝読、すでに宗教医学の定義を知り、「人類救われたり」と欣喜勇躍したのであります。神誌『生長の家』や『生命の實相』全集を拝読するに及んで、この身がすでに極楽浄土の世界にあることを知り、感謝のあかるい生活を続けております。

昨年暮帰郷致しまして、今春四月二十九日天長の佳節に、神のめぐみによって結婚致しました。妻は強度の近視眼でした。数年前から眼鏡をかけていますが、年々度が高くなり、去年のものは今年は不適当な状態だったそうです。私は結婚と同時に眼鏡をやめることを提議しました。妻は「めがねをかけなければ段々悪くなる」との博士の言葉を金科玉条としていましたが、「生命の実相」を話し断然やめさせることにしました。はじめはなか

「生長の家」パンフレット　『生命の實相』の一部を内容ごとに薄い冊子に分けて刊行したもの。「生長の家叢書」「光明叢書」など

欣喜勇躍　小躍りして喜ぶこと。欣喜雀躍

神誌　主に月刊誌『生長の家』を指す。著者の文章によって奇蹟的体験が数多く生まれたことから、自然発生的に生まれた言葉

天長の佳節　天皇陛下の誕生日をお祝いするめでたい日。本書が執筆された昭和期は四月二十九日であった

提議　意見を出すこと

金科玉条　最も大切な法律や規則。絶対的なよりどころ

先生の御言葉に接している間に、段々心が開けて参りまして同時に読書や、裁縫や、ミシンなどをやるにも少しの不便もなく、今までなら見えなかったはずの距離にある物体も見えるようになり、今更生命力の有難さに喜んでおります。

それのみではなく、常習頭痛がなくなり、便秘が良くなり、見ちがえるような健康となって、自分も驚き、知人をも驚かしています。

世間の人々は近視眼は不治であり、進行性のものだと信じているのです。現象界は無常であり、念々刻々に変化しつつあるのであって、近眼のみが不治である理由はありません。私は接する人々に妻を示して、近眼は必ずよくなるものであることを説き、『生命の實相』の有難さを語っています。

私は只今は当地に於て治療を業としていますが、谷口先生のお導きによって益々効果をあげ喜ばれております。

私は光明思想の普及によって、全人類が色々の苦悩から解放せられる日

常習頭痛　ふだん習慣的に起こる頭痛

無常　常に変化し、一定の姿かたちがないこと

念々刻々　仏教語。始終。過ぎゆく時間と共に

の近きを信じ、普及に専念しています。これが神様が与え給うた私の使命だと信じています。（大垣市、清水町、山本溪泉）

十二　功徳無限

私は大蔵省営繕管財局に奉職している者で御座います。大正八年頃より眼鏡を掛けておりました。「生長の家」の御話をするとき、「成程君は近頃眼鏡を用いぬなあ」と不審に思われ、理由を尋ねて下さる方もあります。『生長の家』誌友の方は、遠視も、近視も、自然に治って、いつの間にか眼鏡を外してしまわれます。

私は去る二月九日九段の軍人会館での光明思想普及会の講演を拝聴し感動、翌日「實相全集」を購読致しました。爾来家庭上、健康上、色々の有難いお蔭を蒙りましたが、三月二十五日誌友に成らせて頂き、五月九日より

頭注版㉘一八八頁

大蔵省　財政や金融を担当した省。平成十三年の中央省庁再編により、金融行政を除く所掌事務を引き継いで財務省となった

営繕管財局　建物などを造ったり修繕したりする経費を管理する部署

奉職　公の職務につくこと

「實相全集」　『生命の實相』全集。黒布表紙版の全集は昭和十年一月に光明思想普及会より刊行された

本部見真道場へ参って神想観実修に加わらせて頂きました。初め五月一日頃には私の鼻病が完全に快復しましたのでこれは誠に有難い事だと益々熱心に読み出しました。神想観実修中私は眼頭より涙が出て困る位でありましたが、これは自壊作用かと安心して修行しておりました。別に眼を治そう、眼鏡を外そうと意識したのではありませんでしたが、五月二十八日頃より眼鏡がウルサく感ぜられ、五月三十一日より断然用いぬ事に致しまして、以後本日迄三ヵ月、全く苦痛もなく不便も有りませんので欣んでおります。私の祖父(七十歳)も近所の中村様の奥様も、共に視力が快復したとの報知がありました。

私のは七、八歳の頃からトラホーム病で、静岡市の復明館に入院治療しつつ散々眼の為には悩まされた者であります。兵役も第一乙種でありました。聖典を読みましてから、すっかり従来の暗雲が一掃され、日々愉快に過させて頂いており、この欣びを少しにても光明思想を弘むるお役に立ちた

報知　知らせ。通知

兵役　軍隊に入って軍務に服すること。大日本帝国憲法の下では納税の義務、教育の義務とともに国民の義務とされていた

第一乙種　乙種は、旧軍隊の徴兵検査で体格などは甲種に劣るが現役の兵役に適するとされた合格者。第一と第二の区分があった

いと念じているものであります。とりとめもなく書きましたが、万一参考になる点にてもございましたら御採用下さいまし。最近までの眼鏡は、前田医院での検定を受けた乱視性遠視眼のものでありました。左眼は現在完全とは行きませんが乱視、遠視がズウッと正常視に近づいたのが判ります。ありがたいことでございます。（東京、渋谷、穏田一ノ一、青山次郎）

頭注版㉘一九〇頁

十三　老眼と乱視が治る

私は本年五十八歳です。今より六、七年前より何となく視力の減退を覚えたので昭和五年八月牛込の某医博の診察を受けました。医博はかたの如く私の眼を色々検べた末、これは中々難症だ、おそらくこのまま段々進んで行って、大抵二年か三年の後には白内障となり失明するだろう、それ迄は何の施しようもない。よく他の眼科医は注射とかその他の方法で防ぐ事が出

かたの如く　型どおりに

白内障　眼球の水晶体が混濁して視力が低下する病気。瞳孔が白く見えるので、白そこひとも言う

来るようにいう人もあるが、実際は成行勝負だ、非常に運が好ければこのままで治ることもあるが、それは到底むつかしい、失明したら半年程後に手術を受ければ又見えるようになるといって、眼鏡の処方箋を渡された。その時医博はもし親類にでも内科医があればこの話をして、ヨード剤を調合してもらって服用すれば、或は幸いに視力を取り止めることが出来るかも知れぬといわれました。

早速その薬を用いたが、何だか気休めのようで気が進まないので、間もなく中止しました。いささか迷信めきますがこの上は神仏に願うより仕方がないと思って、鎌倉の本覚寺、俗に日朝様へ失明の災いなきようにと二年間ばかり毎月参詣しました。眼は御蔭で幸いに悪化もせず、強度の眼鏡の力で用を弁じ今年に至りました。

私はこの三月『生長の家』の誌友となり、五月よりお山へ参って数々有難い御話を伺い、又神誌、聖典を拝読、それに聖経を読誦しているうち、

ヨード剤　薬剤用のヨード塩類の総称

本覚寺　神奈川県鎌倉市にある日蓮宗の寺院。山号は妙厳山。日朝様、東身延とも呼ばれる

用を弁ずる　用を足す。必要なことがらを処理する

読誦　声を出して経文を読むこと

いつとはなしに聖典の文字がはっきり見えるようになったので、試みに眼鏡を外してみたら、朧気ながら読めるようになり、これはこれはとばかり驚き且つ喜んだ事でございます。

その後眼の具合はますますよく、只今では夜間、新聞を見る時以外は眼鏡はほとんど不要となり、電車の乗換切符などは一向差支なくはっきりと見えるようになりました。

近所の二十五、六の娘さんが常に眼鏡をかけております。或夜私がその娘さんに、あなたの眼はどう悪いのですかと聞いたら、乱視で専門医から不治の宣告を受けたのみか、やき直さなければ駄目だといわれたとの事でした。そこで私は叫んだ。それは名医だ、あなたは仕合だったと、それから聞き覚えや読み覚えの真理を話しましたら、素直にうけ入られて、翌日より眼鏡を外しても仕事には差支なきようになり、家内一同喜びに溢れております。

朧気ながら　ぼんやりとして。はっきりとしていないがまだまだ御礼は数限りなくありますが、今回はこの事だけを簡単に申上ます。有難うございました。

私はこれからこのありがたいみ教えを広く皆さんにも知らしてあげたいと念じております。（東京、小石川、大塚仲町二六、鶴野善四郎）

十四　近眼の治った話（日記より）

頭注版㉘一九二頁

六月十五日、午前、夏村氏経営の洗足ハウスに楠瀬氏を見舞う。随分暑さが烈しい。玄関を開けると次男君が顔を出した。お母さんのトウさんが顔を見せられる。（トウ子氏は強度の心悸亢進で長らく臥床中であった方）どうだろう、トウ子氏はちゃんと帯つきでいられるではないか。座敷に招じ入れられるや、昨日まで万年床のように敷かれてあった床は、綺麗に片付けられているではないか。

心悸亢進　心臓の拍動数が異常に増えること。動悸
臥床　床について寝ること
帯つき　帯をしめた姿
万年床　いつも布団を敷いたままの寝床

「如何ですか」「ハ、ア、先生昨夜は親戚の者が参りましたので、長男と三人で『肉体は心の影』という事がハッキリしませんので、随分考えてみたのですが、三人が三人共どうしても判りません。でそれを解決しようとして床の中で考えている中に、いつの間にか眠ってしまいまして、その朝四時まで前後不覚に過しました。近頃こんなに快い睡眠をとったことは御座いません。お蔭で今朝は気分がよくて、起きて少し働きましたが、まだ少し苦しくなって来るようです」「そうですか、あなたは少し働いてみよう、働いても今のように何ともなければいいがというようなことを思いませんでしたか」「ええそう思いました」「そうでしょう、それがいけないのです。どうかなと思う心がそのまま肉体に顕れます。神を試みてはいけません」と又諄々と真理を説いた。

夜、田中靖人氏宅で神想観の実修をする。K氏、K氏夫人、S氏夫人、夏村夫人、同長女良子氏、田中氏夫妻出席。

前後不覚　前後の区別もつかなくなるほど正体がなくなること。ここでは、熟睡すること

諄々　よくわかるように、懇切に繰り返して説くこと

夏村良子（十歳）は碑小学校三年生で、強度の近眼で、授業三時間目頃から疲労甚だしく時々卒倒したりする事があったそうだ。で神想観によって救われるように、私はお勧めして、今晩御来会になったのだ。痩せた発育の悪い良子ちゃんが、お母さんの傍で一心に合掌している姿を見た時、私は堪らなく愛らしくなって来た。で、前からそっと手掌を前頭部に当てて光明思念約五分ほどしておいた。ところが唯だそれだけで視力は恢復して、立派に近眼は癒されていた。列席の人々もただ驚嘆するばかりであった。

六月十六日……夏村良子ちゃん、お母さんと一緒に来会。昨夜一回の神想観と光明思念の放送によって、極度の近視眼が癒されて今朝兄弟三人でいろいろ視力の試験をしたが、すっかり全治してしまいました、とお母さんがよろこんでいられた。良子ちゃんはただもう嬉しくて堪らぬというように、私の顔を見ては唯だニコニコと笑っているばかりだった。

七月二日、夜、石黒久恵さんが、友人の小柳津由喜子氏を紹介かたがた

卒倒　突然意識を失って倒れること

いじらしい　けなげでいたわしい

列席　出席すること

御来会下すった。小柳津氏は数年来乱視、遠視、それに呼吸器に何か異常があるような自覚があって、毎晩盗汗が出て不快でたまらないという事だ。「生長の家」の真理を説く。石黒氏に六月号、小柳津氏に五月号をお貸しする。

七月三日、小柳津氏「一回で効果著しく、会社でも嬉しさのあまり階段なぞ駆け上ってみたり、いろいろ激しい事をやってみましたが少しも苦しみがありませんでした。それは一昨晩まで出ていた盗汗が少しも出ませんのよ。先生、私ほんとうに嬉しくなってしまいました。それから近来非常に記憶力が悪かったのですのに、今日はカードを整理していますと、ズット以前の事まで思い出されて整理に大変好都合でした。そしてほんとうに楽しく事務がとれました」と大変なよろこばれ方だった。「それから眼の方は眼鏡を取りましたが疲れがありません」といわれる。今晩は約一時間半程『生命の實相』について語り、神想観をする。

盗汗 眠っている間にかく汗。悪い夢を見た時などの生理的なもののほか、病気の一症状として現れることもある

六月号 『生長の家』誌の六月号を指すと思われる。五月号も同様

七月七日、小柳津氏来会、普通事務等には一向差し支えなきまでに乱視も、遠視も、消失して、唯だ私方へ来られる途中、電車の中で『生長の家』を読んでいる中に、多少疲労を感じたようであった、との事であった。

七月十日、小柳津氏来会、全快、「私は今日に至るまでいろいろの宗教の研究等をしましたが、『生長の家』を拝見して、これこそ私が心から求めていたものだと思われます」という事であった。

八月十八日、杉並区馬橋の誌友H氏方の自動車助手平原二郎氏来会。H氏の紹介状によると「平原氏は先日警視庁で自動車運転手の免許を得べく受験したのである。不幸にして右眼強度の近視の為め不合格となり悲観してばかりおりますから何とかお導き下さい」という事であった。試験すると、約六尺の距離で新聞紙の初号の活字(平仮名)が見えぬ程のものであったが、隔日に三回の「真理の説話」と光明思念とによって一間の距離にて四号活字が難なく見えるようになり、本人の喜びこの上なかった。同氏には引

六尺　約一八〇センチメートル。一尺は約三〇・三センチメートル
初号　活字の大きさを号数で表す場合の最大のもの。約十五ミリ角
隔日　一日おき
一間　六尺に同じ。約一八〇センチメートル

続き御主人H氏から實相全集を拝借して心読するようお勧めしておいた。来月初め再度受験の意気に燃えている。

（東京、茌原、小山町三二〇、森美文）

十五　近視眼を治した私の体験

私が「生長の家」の思想に導かれるようになりましてからいまだ日も浅いので病者を指導した私の体験は数多いとはいわれません。しかし治病の秘訣と申しましょうか、鍵と申しましょうか、とにかくこうしたものを摑み得たような感じは致します。それでここに、近視眼治癒の体験と、その心理状態並に、私の「生長の家」に対する心境について、いささか所懐を申上げさせて頂きたいと存じます。

心読　心をこめて読むこと

頭注版㉘一九五頁

所懐　心に思うところ。所感

最初の体験

私の家は姉が裁縫の塾を経営しているので、多くの女性の方が集って参りますが、その中に本年十八歳になる濱中節子さんという方がおります。この方は三度に四度という強度の両近視眼の方です。これだけなら別に変った事もないのですが、その上耳が大変遠いのです。姉は日頃裁縫の教授に当って座を前にするとか、尚他の人との関係等を考慮して不明なまま引退く事などないよう「私の声は人によく分らないそうですからもし分らなかったら何度でもお聞き下さい」等と言って、親しく注意を与えたり、又自分の不具なる事に悲観し落胆せぬ為に、種々努力を払っていたそうです。

こうした日を過していると、その中この濱中さんに益々同情すべき話が姉の耳に這入ったのだそうです。

というのは濱中さんの家は御商売をなさっているそうですが、家人の方が他に働いているような場合、客が参りましても一向分らず、濱中さんは自

不具　体の一部に障害があること

家人　家族

分の仕事を平気で続けていて小さい妹や弟等に引っぱられて教えられるというようなわけだそうです。少し感じ易い姉は、我が事のように「年頃の娘が！」と言ってその不具の姿に同情致しておりました。ところで私は、姉の方の仕事とは別に直接関係ありませんから、生徒の状態等勿論知る術もなく、こんな話も後に耳にしたに過ぎません。

しかるに私は四月末頃『主婦之友』五月号に兄（栗原保介）の記事が出ました当時、それとなく「生長の家」の教えに深い関心を持つようになりまして、聖典『生命の實相』を読み続けております中、自分の健康の程度を増しますす事は勿論、他人の病気まで不思議とよく治る（厳密の意味に於て消ゆる）ようになりました。で私は小学校に勤務致している関係上、受持児童の歯痛、頭痛、腹痛、打撲傷、耳の遠い等の数々を治しておりました。

こんな面白い話は、自然夕食後等の話題となっておりました。ところで七月になりましてから『生命の教育』の創刊号を拝読致しまして、「近眼はチカメだ。生命の実相を知らぬチカメだ」という意味のお話や、近眼を治したという記事を伺いました。又これが早速私の宅の食後の話題となり、「生長の家」を讃える言葉ともなれば、医学上の力なる驚嘆ともなり、そして更に全く総て心によって何んでも支配されるものであるという思いを強く致しました。すると姉はハタと手を拍って、「耳の遠いのも治り、近眼も治るなら、是非私の生徒の濱中さんを治してくれるように」と非常に同情に満ちた言葉で話すのです。

既に「生長の家」の教に依って病気一切治る真理、否病気一切無しの真理を分らせて頂きました私は、そして既に多くの児童に又児童の家庭の人々に実験済みの私は、易々と治す事を引受けました。この話は姉から濱中さんに、そしてお母さんにと伝わりまして、七月中旬の夜分九時近く母子お二人は私の家を訪れました。そこで私は「生長の家」の原理である肉体本来無で心の影に過ぎない、従って心を心の法則に合す時神なる力、即ち五感

五感　視覚、聴覚、嗅覚、味覚、触覚の五つの感覚

も六感も超越した無限の力が直ちに顕現して、悪もなければ罪もない、不幸もなければ死もない、一切の苦がない、従って病苦は勿論ないという事実を幾多体験例等と共にお話しました。

そして濱中さん御一家の生活状態等を伺いつつ、具体的の事実と結びつけて、平明に生活指導を兼ねて説明致しましたのです。その晩はそれだけでお別れする事にしまして、節子さんの眼と耳については又特別見てあげることにしました。一週間位後でしょうか、私は学校から早く帰りましたところ、濱中さんは未だ稽古をしておられましたので、私を見ると話を聞かせてもらいたいというので、早速濱中さん個人について心の法則を説き、日常生活の具体的指導を分り易く説明致しました。すると濱中さんは、耳や眼について別に深い説明も致しませんで、強く心の法則、惟神の道ばかり話しますものですから「心をそう改めるだけで治るのですか」と非常に素直に簡単に私に結論を求めました。私はあまりにも簡潔に私の話を結論しました

六感　五感とは別の第六番目の感覚。インスピレーション

平明　わかりやすくてはっきりしていること

惟神の道　日本古来の神の道。神道

ので、そのよく理解した事に驚きつつ「そうです。その通り心さえ正しくすればよいのです。我々の生活は総て心の状態の現れでありまして、仏教では三界は唯心の所現と申すそうで、全くその通りなのです」と力づよく答えました。そして後十二、三分間思念を致しました。これが七月もずっと末の事でしたが、又二、三日して三十日の午後濱中さんから話を聞かせてくれと頼まれましたのでお話をしました。その時二、三日前の生活指導をどの位行っているかを問いましたところ、次のような事を申しました。

「私には尋常一年の弟がおりますが、朝起きるとよく泣くのです。で今迄私は折々おどしつけたり、或はたたいたり等しておりましたが、先生に言われて、全くそれも悪いのである事が分りまして、翌日弟が泣いたからやさしく何が気に入らないのと聞いてやると、弟はたちまち黙って次の日はもう泣かなくなった」というのです。

それに又「家の仕事もほんとうに自分から進んで面白く出来るようになり

三界は唯心の所現　仏教語。一切衆生が輪廻する欲界・色界・無色界の三つの世界の全ての事象は心の現れであるということました」「今迄の自分がしみじみ悪かったと思います」といとも素直に述べられるのでした。私はこんなにも自分の話をよく分ってくれたかと、心中むしろ私の方で濱中さんに感謝する位でした。

で私は「あなたは偉い、それが心の通りの生き方です。真の生き方です。それこそ惟神の生き方と言うものです。そうした気尚い心には神の力が働きますよ、顕れますよ。

菅公のお歌にも仰せられてありましょう。

心だに誠の道に叶いなば
　祈らずとても神や守らん

と。こう若いあなたが将来の幸福の為に自らの心を惟神の正しさにするなら、そして耳や眼の不具を完全にして下さいと祈るなら、祈らなくても守って下さるという有難い神様です。必ず祈って応えないはずはありません。必ず耳も眼も治りますよ。あなたのその心構えを聞いて私はもうあなたに

菅公　菅原道真。承和十二～延喜三年。宇多天皇、醍醐天皇に仕え、右大臣となり従二位に叙せられる。讒言により筑紫の太宰府権帥に左遷されて任地で没した。北野天満宮の祭神として祀られている。詩文集『菅家文草』、史書『日本三代実録』等の編著がある

心だに…　菅原道真作と伝わる歌。本全集第十二巻「生活篇」上巻一〇三頁参照

語る一つのものもありません。思念も不要です。ただその心を続けなさい、押拡めなさい」といって帰って頂きました。

明けて翌三十一日の午後四時頃、私は蓄膿症の家に頼まれて帰って参りますと、生徒の四、五人の人と姉が騒いでおります。私は又急病人ではないかと思ったのでしたが、聞けばそうではなく「濱中さんの眼が治った！」「見える！」「耳が聞える！」という騒ぎです。私も昨日の今日であるからあまりにも驚いた次第です。

実感のままを聞きますと、眼鏡をかけたまま急に伸びるように遠くまで見え出したというのです。で今度は眼鏡を取ってみると、やはり前と少しも変らず遠くまで見えるというのです。私の家の前方一町余の所にフレンドハウスというアパートがありますが、その前の電線の二本あることも我々と同一に認め得られるのでした。そして耳も普通の声で常人に分る通り聴えておりました。それから友人達は、これがあれがと言って、種々試してしばら

一町余　約一〇九メートルあまり

く騒いでおりました。かくて帰途にはさしも強度の三度に四度という眼鏡を包に入れて行く濱中さんの笑顔を見ました。翌日八月一日は塾の方は休暇になったのでしたが、「先生(姉)が心配なさっていらっしゃるといけないから」と言って、尚一日だけ余分にお稽古に参りました。そして勿論眼鏡なしで針に糸を通しておられたそうです。

「生長の家」の真理に生きる私の心境

若き私が、そして近代科学を文化の華であると謳歌しつつ教育を受けて来、又家庭的には一通りの神棚と仏壇とがあるのみで、いわゆる無宗教とでも言いたいような生活の私、換言すれば形ばかりの宗教生活をしている人や、又はそれすらも持たない大部分の都会人の如く、私も宗教生活とはほとんど無関心に生活を続けて参りました。ところが兄が病気を治しているのを知った私は、ちょっと何であるかと思うような気持で『生命の實相』を

さしも　あれほど

謳歌　声をそろえてほめたたえること

先ず読んでみる気になりました。

それが四月の最後の日曜日でした。一言一言一句一句次章から次篇へと皆真理！　光明！　ただただ光と歓喜の海洋を無限に航するヨットの如く読み続けました。読み始めて三日目の日職員室で私は語るともなく『生命の實相』を讃嘆し、病気なし、物質無し、の話を致しましたところ、笑う者、冷かす者、とりどりだったのは勿論でした。ところが尋常三年の男の組を受持っておる矢中先生という本年三月豊島師範を出た若い先生が、「実は僕の組に先程窓から落ちて足首を捻挫した子供がいるのだがそれが治りますか」と言うのです。この先生は半信半疑と、目に見た子供の痛さと、その責任との渾一した感じから、僅かに耳を寄せたと思われるのでした。

ところがどうする事が真に治す事か知らぬ私ではあったのでしたが、「理論上では治るはずだ」と申しました。では今日は帰りましたから明日頼みます、と言うのです。冗談だろうとその日は過ぎましたが、翌日昼の

豊島師範　明治四十二年に開校した東京府豊島師範学校。昭和十八年に東京第二師範学校と改称した。昭和二十四年に東京にあった四つの師範学校が合併して東京学芸大学となった

渾一　とけ合って一体となっているさま

休憩時間に連れて来られたのを見ると、繃帯はクルクル巻いているし、酷く跛を引いているのです。私も全くはたと参ってしまいましたが、先ずやってみようと思いまして、子供を医務室に連れて行き、足を痛めた理由を聞き、その悪い原因につき知らせ、神の力の絶大なるを讃えまして、良い子供は神が守るのだという事をも話して、腫れている部分に私の手をあてて、「痛さはない、神の子に病気はない、完全で円満である」という事を念じてやりました。

勿論昼休みの事で長く時間をとっているわけにも参りませんので、時計を見ておきました。もうよろしいと何となくそんな気が致しましたので離してみると、その間十七分、足はズシンと床につけるのです。歩ける！　高足にも出来る、そして走って何とも無いのでした。驚いたのは、私、本人の子供は無邪気なもので、先生に治された位であたり前というふうなのです。受持の矢中先生も先程の今、全く驚いたり、不思議がったりしていました。

跛　片足を引きずって歩くこと

高足　足を高く上げて歩くこと

先程の今　その事が起こったばかりであるさま

後から話を聞いた他の先生方などは、「元来大した事ではなかったのだろう。否催眠術みたいなものだろう。一時すれば又痛み出すだろう」等と、かように噂をしていられたのでした。しかし、私自身はこれ等の言葉とは別に、病気無し、必ず治るの、深い深い確信に満されていました。爾来、体験例のところでもちょっと述べました通り、歯痛、腹痛、頭痛は勿論、八年間も跛を引いていた早川賢一という自分の受持の子供の足まで、普通人のように治りました。

以上は私が「生長の家」の真理に生きる私のスタートでしたが、それからの私は青年期を思わしくない健康状態で過して来、薬に薬、医者から医者へ、手当から手当へと常に気を病んでいた事実が、信用しきった薬が医学が何の役にもたたないといいたいのですが、役に立たぬならまだよいが、本来光のみの、健康のみの自分を、深く闇に、病弱に、閉じこめていたのが、かの喘ぎ求めていた薬であり、医学であり、栄養剤である事実が明白になりましたので、ただただ呆然たるものでした。光秀に火をかけられた信長の心境もかくやあらん、等とふと心を掠めるのでした。そして自分で立てる自分！　自分が真理であった、光明そのものであった。生命がある。神が生きている自分であることがはっきり判った時、判らせて頂いた時、空は常よりも高く、常よりも広く、清く、大地は万物笑を湛えて歓迎の光はまばゆく、四面に満ちて讃えるのでした。嗚呼人生の喜び、極楽は、天国は、十万億土の彼方に非ずして、今この身、このままにある喜びでした。

現実が夢か、過去が夢か、ただただ恍然又陶然たる姿でした。勿論教育観はガラリと変って、一人一人の児童が真に尊い子供である。神の子の尊い姿であるという事が判りまして、今迄劣等生として持ち扱っていた児童が、金色の如来の姿に映ずるのでした。一人の罪人も、一人の不幸者もいない実相世界が転回したのでした。児童の成績が以前にも増して上り、教授が歓喜そのものの裡に進行出来るようになって、教室は叱咤、罵詈の暗黒から

光秀　明智光秀。享禄元年頃～天正十年。安土桃山時代の武将。本能寺に投宿中の織田信長を襲ったが直後に豊臣秀吉に山崎の合戦で敗れた

信長　織田信長。天文三～天正十年。安土桃山時代の武将。今川義元を桶狭間に破るなど各地に勢力を拡げて天下統一の基礎を築いた。明智光秀による本能寺への急襲に遭い自刃した

かくやあらん　こうであったのだろうか

まばゆい　まぶしい

十万億土　仏教語。極楽浄土が非常に離れていること

恍然　うっとりとしているさま。恍惚

陶然　酔ったようにうっとりと気持ちのよいさま

叱咤　大声で叱りつけること

罵詈　口ぎたなくののしること

救われて、平和の光と文化の恵を究める大地の聖場と化したのでありました。

私は最後にここに申し述べたいのです。自分の病気が治り、他人の病気まで治る事実、しかも四月末の一日の勤務をおえての片手間の『生命の實相』の読書によって、医学界でいまだ手の届かぬ難症者が、いとも平易に簡単に治癒する事実が、如何に「生長の家」の教が真理であるかを物語るか、そして真理は如何に我々の総てを支配する無限の力であるかを、霊眼もいまだ開けぬ立体生活即ち三次元生活以外に出でぬ私は、ただただ不思議とも又有難いとも、感謝感激致している次第です。又この絶大なる真理をいとも平明に、一朝一夕に悟らして頂きました尊師、谷口先生に対し、語る度、思う度に、嗚呼真に天使でいます、現にキリストでいます、現に釈迦牟尼如来でいらっしゃる、人類の慈父でいらっしゃるとお慕い申しております。

嗚呼今迄神国日本に世界三大偉人の一人も生れなかったか、と、凡夫の私

霊眼　霊的存在が見える眼

一朝一夕　わずかな期間。短い間

キリスト　キリスト教の始祖。紀元前四年頃～紀元三十年頃。ナザレの大工ヨセフと妻マリアの子として生まれた。パレスチナで教えを宣布し、多くの奇蹟を起こした。ローマのユダヤ総督ピラトによって磔に処された

釈迦牟尼如来　紀元前四六三頃～前三八三年頃。「牟尼」は釈迦に対する尊称。仏教の開祖

神国日本　日本の国が『古事記』の神話などに連なり、八百万の神々に満ちあふれていることを指す

凡夫　仏教語。悟りに至っていない愚かな者

は淋しさを感じていたのでした。がしかし今や尊師谷口先生こそ、四大偉人として昭和の聖代に、神国日本に現れました天使であります。

武力を以て世界に君臨するを欲するなら、それは古くは元の雄図の悲惨の失敗あり、ナポレオンの敗惨あり、近くはかのドイツの悲惨あるによっても、その誤謬や必定であります。何人も知る如く、我国は武力によって立つ国ではない。しかし世界を指導する責務は一つに吾々大和民族に与えられた天の使命ではないでしょうか。「光は東方より」の理想は、今や尊師谷口先生の思想によって、「生長の家」として世界の涯にも伸びようとしていると確信致します。

高山に登らざれば天の高きを知らざるなり、深谿に臨まざれば地の厚きを知らざるなり、と、古人は言っております。乞う、疑うことなく「生長の家」の深遠なる真理を求められんことを！　毛嫌いなどは自分を墓場に埋める真の悪魔であります。

聖代　天皇陛下の御代を敬って言う語
元　モンゴル帝国の第五代皇帝フビライが一二七一年に建国した王朝。中国全土を手中に収めたが、一三六八年に明の太祖朱元璋によって滅ぼされた
雄図　雄大な計画。勇ましく大きなはかりごと
ナポレオン　Napoleon Bonaparte　一七六九～一八二一年。フランスの軍人・政治家。フランス第一帝政の皇帝。フランス革命後の混乱を収拾して軍事独裁政権を樹立した。ヨーロッパ大陸の大半を勢力下に置いたが、最終的に失脚した
誤謬　間違い。誤り
必定　必ずそうなると決まっていること
深谿　深い谷
「光は東方より」　古代ローマのことわざ。文明は初めに東方に興るの意

終りに「生長の家」の真理に接せぬ人々の為に、聖典『生命の實相』が一日も、否一時も早く世界人類に触れられる日の幸を心から祈ります。

（昭和八年二月七日、東京、世田谷、経堂町二五九、栗原清吉）

十六　眼鏡とステッキとを捨つ

粛啓、国華薫風の盛時、愈々御清祥奉賀上候。就ては小生本年八月三十一日、当市支部北西氏方にて、『生命の實相』全集を一時払いにて購読、その一巻と二巻の初めとを読誦し、九月十五日名古屋支部北西方にて、百二、三十名の方々と一緒に、初めて神想観を修得させて頂き、翌十六日早朝新聞を何気なく読みおりました。知らぬ間に六号文字の記事迄通読しおるにふと気付きて、よく見れば見る程、活字が綺麗に鮮明に見え、平素眼鏡を用いていても六号文字はクシャクシャとして見え兼ねるので読まぬの

粛啓　つつしんで申し上げる。手紙の書き出しに用いる語
国華薫風の盛時　手紙の書き出しの時候の挨拶
御清祥奉賀上候　手紙の書き出しで相手の安泰を祝福する挨拶の言葉

頭注版㉘二〇六頁

に、不思議に眼鏡なしにて、美事に見え、喜悦のあまり、他の人々にも『生命の實相』の驚くべき実証を御話しています。それを聞いて驚かぬ人は無いのであります。それは小生四十五歳より眼鏡を用い、本年は七十歳の老境なので、人の驚かるるのも尤もなことで、小生も驚き入りますのは神想観の唱え言も知らぬ、『生命の實相』も僅に一巻と二巻の少々を読みしのみにて、その日即ち九月十六日より眼鏡を廃し、更に九月二日よりステッキを中止致しましたが、ちょうどステッキを中止しましての感想は、身軽にて歩行が自由にて、極めて楽々と歩めます。ステッキ使用の時分は、あたかも四、五歳の子供を連れ歩く如く、前後左右に気を取られ、一歩一歩足重きの感に堪えず、小児の手を引いて歩むが如くありしが、今やステッキを使用せずして、足取り軽く全く年若な壮者に少しも劣りません。去る十月十日古稀の礼参りに讃岐の琴平宮に参詣の節、同所備前屋別館琴平花壇の番頭さんも、足の軽いのに驚いていましたが、脚部の疲労も神の子の精神により何の

喜悦　大きな喜び

古稀　七十歳。杜甫の詩にある「人生七十古来稀」より

讃岐の琴平宮　金刀比羅宮。香川県の琴平山(象頭山)の中腹に鎮座する旧国幣中社。祭神は大物主神。崇徳上皇の御霊を配祀する。全国の金刀比羅神社の総本宮

参詣　寺社などにおまいりすること

苦もなく、かの有名な八町の石段も、上り下り共無事にして、喜びに満ちて参詣させて頂き、それより丸亀へ出ましたが、琴平出発の際は丸亀行バスが僅か五分より無いので、宿より電話にて只今乗客が行かるるから待っていてくれと電話をし、更に店員が自転車にて駆付けて発車を留めていてくれられ、乗車直ちに発車しました。また丸亀より玉島行汽船もまた発船時刻五分前にて乗船し、玉島に無事上陸、バスにて金光町着、金光大神参詣の上、帰路大阪下車、玉造真田山三光神社に参詣の上、無事帰宅致しましたが、生長の家のお蔭により、いずれへ参詣するも、従前より一層ありがたみを深く感じます。

これよりさき十月六日、名古屋支部に第二回目の神想観を受けさせて頂き、誌友となり十月二十日第三回目に又神想観を修得させて頂きました。この間歯痛の甚しきを起したので、ちょっと神想観の形式を為し手を当てますと、ドキンドキンとして三度目に痛みが止み、娘も女中も前後して歯

八町の石段　琴平宮（金刀比羅宮）の本宮まで続く七八五段の石段

丸亀　香川県中央部にある市。琴平宮参拝客の船の乗降地として発展した

玉島　現在の岡山県倉敷市にある地名。旧玉島市

金光大神　金光大神は、金光教祖赤沢文治（川手文治郎）。ここでは、岡山県浅口市にある金光教本部及び本部内の教祖の墓所等を指すと思われる

玉造　現在の大阪市中央区と天王寺区にまたがる地域名

真田山三光神社　大阪市天王寺区にある神社。第十八代反正天皇の御代の創建と伝えられる

従前　今より前。以前

痛を惹起しましたが、これも即座に癒えましして喜んでおります。
（名古屋市、中区桜井町一丁目、長谷川与吉）

十七　老眼鏡を外し眩暈を忘る

私は年々視力衰え極度の老眼鏡を使用してこの上取換えても仕方がないといわれておりましたのですが、御神誌『生長の家』『生命の實相』『久遠の實在』を取寄せ精読中ちょうどこの七月六日頃この極度の老眼鏡が要らぬようになればと念じ、眼鏡を外して聖典を拝読していますと、不思議なるかな、六号活字のルビに至る迄、明瞭に分り出し、それ以来外して今では全く壮年者の様に変らず、昼夜共眼鏡を外して拝読致し体も全く健康になって参りました。

次に私は約十数年以来漸次上肢運動にとかくコワバリ今迄背後に手の廻

惹起　事件や問題などをひき起こすこと

頭注版㉘二〇八頁

様　状態。ようす

上肢　腕や手

らざるにこれも全く御神誌拝読以来壮年者の如く自由に運動出来るようになって参りました。

　次に私は幼年来とかく脳病の気味あり、四十一歳の時脳の大患に罹り医師の治療を受け平癒せしも、それ以来常に頭が重く夜間就眠には最も高き枕を作り就床せざれば翌朝頭重く眩暈を来す程にて熟睡も出来ず、しかるにこれも御神誌を拝読するようになって、全く平癒致し、只今ではすやすやと朝迄熟睡致し、翌朝何等の故障なく頗る健康になって参りました。

（和歌山県日高郡比井崎村比井、津村藤太郎、六十六歳）

十八　強度の近視の治った実話

　先生、突然不躾とは存じますがあまりの嬉しさに駆られて筆を執りました。

大患　重い病気。大病
就床　床につくこと
頭注版㉘二〇九頁
不躾　礼儀作法をわきまえないこと。無礼なこと先生、私は何とお礼申してよいやら判りません。何もかもみんな救われましたのでございます。五度の近視と乱視のまじったのが治りましたのがその救われました始めです。私は今土地の女学校の三年生ですが、尋常の二年頃から眼鏡をかけているのでございます。その時の私の性質は今考えますと何もかも感情で決していたのです。

大好きな友と大嫌いな友達と一人ずつおりました。日夜その二人の友の為に苦しんでおりました。一方では大好きな友の言葉が気に掛るし、一方では大嫌いな友の言う事が気に障って、一々腹を立てて悶々の中に日を暮しておりました。その時目に附いたのが、あの近眼治療器でした。買いたいと言ってやりますと、正しい度や眼の中心等を計ってもらってよこしなさいと言って来ましたので、土地の眼科の博士に診て頂きますと前よりも更に進んでいると言われます。母がこの子の近眼は治りましょうかと言いますと、博士は仮性近視は治りますが、この子のは本当の近眼だから治りませんと言われ

仮性近視 目を近づけて長時間本を読んだり、細かな作業をしたりして、一時的に近視のようになる状態

ました。その時には私はいくら踠いても踠いても救われない悲しみの淵につき落されたような、目の前が真暗闇になったような心地がして、帰り道をどう歩いたか私には判りませんでした。その日から私の憂鬱な生活が始りまして、ひどい近眼は遺伝すると言うけれど又いたいけな子供にまで自分のようなつらい生活をさせねばならない。自分の望みを達するにもきつい近眼は入学がまず出来ないと言う。そうすれば第二の国民を預って将来非常時日本を背負って立つ有為な国民を育て上げて皇恩に報ゆると言う希も捨てねばならなくなる。こんなに何にもならない自分ならばいっそおらない方が君にも親にも忠孝の道が立つのではないかと考え出しまして、その時からあの夕日に映えた三原山の噴煙にあこがれを感じ何をしに学校へ来るのだろう、いくら勉強をしても一握りの灰になるのに、そうしてはかなく消えてしまうのにと思って、学校生活がとてもいやになってしまい、何もかも冷静に考える事なく、悪い事ばかりが目の前にチラつくようになりました。そう

いたいけ　幼くてかわいらしいさま
第二の国民　子供達
有為　才能や将来の見込みがあること
皇恩　天皇陛下からいただいている恩恵
いっそ　むしろ
君　天皇陛下
忠孝　主君に忠義を尽くすことと、親に孝行すること
三原山　伊豆諸島の大島の大部分を占める大島火山の中央火口丘。噴火を繰り返し、昭和六十一年には全島民が避難する大規模な噴火が発生した。昭和八年の女学生の投身自殺の報道を機に、若年層を中心とする自殺が相次いだ

なると近眼もずんずん増長して来ます。家出をして、三原山へでも行こうかと思う時に母のあの優しい微笑がとめてくれます。

その時眼前に神の救いの手が伸べられました。それは近所の三熊秀之介という方が治る本を見せてやろうとおっしゃって渡して下さったのが、『生命の藝術』の五月号でした。捨身でかかったこの近視故治癒も早く、それを一冊読んでから私の生活が一変しました。「汝ら天地万物と和解せよ」との言葉が非常に胸にしみ込みました。そして大嫌いな友に対しても大好きな友に対しても態度が変りました。いや心が変りましたという方が適切でしょう。それからは高く朗かに我が家の空気まで明るくなり、と同時にと言いましょうか、本をずっと離しても始めはボンヤリしていますが「私はきっと見える、神の子だから」と思いますと不思議や真理の書いてあるこの本の字がはっきり浮び上って見えるようになりましたので、嬉しくて英語の本を大分離して見ますとやっぱりよく見えます。こうして私は僅かの間に（読み

増長　しだいにはなはだしくなること

『生命の藝術』　昭和八年八月創刊の月刊誌。「生長の家」の思想に共鳴していた佐藤彬らが設立した「生命の藝術社」より発行した。弟の画家松本竣介は表紙の装画や編集を手伝い、小説なども寄稿した

始めて二ヵ月になります）すっかり迷いの心を払って頂きました。今ではホンのお礼のつもりで友達にも他家の人にも勧めているのでございます。

尾道市支部の長谷先生が、あなたはきっと成績がよくなりますと言って下さったのが、今度通知表を頂いて見ると甲になるはずはないようなものまでが甲になって、どうしても神様のおかげです。谷口先生のおかげです。そしてその試験中に不思議な事が起りました。さらいたくなかった所はさらわずに行きますと、そこは出なくて、よく覚えて行った所だけが出ましたり、私の判らない処は考えるのをやめて、神想観のつもりで手を束ねてスーッと息をしていますと、目の前に答案がはっきり浮んで来ますので、これは神様が教えて下さったのだと思って答案紙へ書き込んで、後から友達に聞いてみますとやっぱり合っていたのです。どこで習ったのと聞いても自分には思い出せないのです。習わないような気がするのです。幾つもこんなことがあって試験が終り通知表を頂く時に主任の先生が「大分上りました。よく勉

甲　成績評価で一番よい成績

さらう　復習する。繰り返して練習する

強したんでしょう」と被仰いました。けれど私は試験中にはあまり勉強しませんでした。平素より熱心に『生命の實相』を読んでいたのです。こういうようにして兄弟喧嘩も止んだり、今まで恐い婆さんと思っておりました私の祖母までが、実相を観れば仏となりました。その他あらゆる事が光明化して、ひどい近視であったが為に、治らない近視であったが為に、いろいろ苦しんでいた事が、早く真理を知らせて頂く近道だったと思うと、どこまでも深い神様の思召しに、私はひとりでに目頭の熱くなるのを覚えます。この頃ではもう感謝の日、喜悦の日を送っている次第であります。これもみんな谷口先生のお蔭です。先生有難うございます。今後も何卒よろしく御指導下さいませ。私が教壇に立つようになったら「生長の家」の教育法でやります。その日を楽しみに勉学にいそしみます。先生もお祈り下さい。本当に有難う御座います。汚い字ばかり並べましてすみません。

(広島県尾道市、新橋町、亀田道江)

平素　ふだん。つね日頃

いそしむ　熱心に励む。精を出す

第四十四巻索引

＊頻度の多い項目は、その項目を定義、説明している箇所を主に抽出した。
＊関連する項目は→で参照を促した。
＊一つの項目に複数の索引項目がある場合は、一部例外を除き、一つの項目にのみ頁数を入れ、他の項目には→のみを入れ、矢印で示された項目で頁数を確認できるよう促した。（例 「神の愛」「生命の実相」等）

〔あ〕

〔い〕

〔う〕

〔え〕

〔お〕

〔か〕

〔く〕

〔け〕

〔こ〕

〔さ〕

〔し〕

〔す〕

〔せ〕

〔な〕

〔に〕

〔ね〕

〔の〕

〔は〕

〔ひ〕

〔ふ〕

〔へ〕

〔ほ〕

〔ま〕

〔み〕

〔む〕

〔め〕

〔ら〕

〔り〕

〔れ〕

〔ろ〕

〔わ〕

箴言・真理の言葉

新編　生命の實相　第四十四巻　久遠仏性篇／真理体験篇
常楽宗教の提唱（下）
近眼・色盲等は治るか

令和三年一月十日　初版発行

著　者　谷口雅春
責任編集　公益財団法人　生長の家社会事業団
谷口雅春著作編纂委員会
発行者　白水春人
発行所　株式会社　光明思想社
〒一〇三―〇〇〇四
東京都中央区東日本橋二―二七―九　初音森ビル10F
電話〇三―五八二九―六五八一
郵便振替〇〇一二〇―六―五〇三〇二八
装　幀　松本　桂
本文組版　ショービ
印刷・製本　凸版印刷
カバー・扉彫刻　服部仁郎作「神像」©Iwao Hattori,1954

ISBN978-4-86700-013-7